Siegfried Schmitz

Hunde – die populärsten Rassen

Dr. Siegfried Schmitz

Hunde

die populärsten Rassen

Wie sie sind

Wie man sie hält

blv

Mensch und Hund – eine ideale Partnerschaft

Für den Hundefreund gibt es gar keinen Zweifel: Der Hund ist der beste, der anhänglichste und zuverlässigste tierische Gefährte des Menschen. Katzen- oder Pferdeliebhaber mögen darüber anders denken, aber auch die werden insgeheim zugeben, dass man mit keinem anderen Vierbeiner so unmittelbaren, beständigen und aktiven Umgang pflegen kann wie mit einem Hund. Er ist, mit einem Wort, der ideale Hausgenosse schlechthin. Die rund 5,1 Millionen Hunde, die allein in 4,9 Millionen deutschen Haushalten leben, zeugen davon. Und da jeder dieser Haushalte in der Regel mehr als eine Person umfasst, erhöht sich die Zahl der Menschen, die einen mehr oder weniger engen Kontakt zu einem Hund unterhalten, auf eine zweistellige Millionensumme. So viele Hundefreunde können nicht irren. Sie wissen, was sie an ihrem treuen Vierbeiner haben: Er ist Hüter von Haus und Hof, Spielkamerad und Miterzieher der Kinder, Freizeitpartner der ganzen Familie, Gesellschafter der Alleinstehenden, Tröster der Alten und Kranken, Gehilfe der Jäger, der Hirten, der Blinden und vieles mehr. Er bringt uneigennützig Leben, Abwechslung und Freude in jedes Haus und regt sozusagen Leib und Seele an – den Leib, indem er uns zu regelmäßiger gesunder Bewegung im Freien ermuntert; die Seele, indem er in uns zivilisationsgeschädigten und stressgeplagten Menschen des 21. Jahrhunderts die fast verschüttete Beziehung zur Kreatur und Natur wieder belebt. Ja, ein Hund kann für viele Menschen ein hervorragender Therapeut sein, und es gibt nicht wenige Ärzte, die körperlich und seelisch träge gewordenen Patienten die Hundehaltung als eine von schädlichen Nebenwirkungen freie »Naturmedizin« verschreiben.

Das alles klingt sehr schön, aber doch ein wenig einseitig, wenn wir genauer hinschauen. Der Hund gibt, und der Mensch nimmt. Der Hund schenkt uns alles, was er zu geben vermag: Treue, Lebensfreude, seelischen Auftrieb, Schutz und Beistand – von den Diensten, die er als Versuchstier in den Labors der Wissenschaftler und der Pharmaindustrie leistet, ganz zu schweigen! Die Gefahr besteht, dass die wehrlose Kreatur heutzutage vielfach nur als Mittel zum Zweck betrachtet und ausgebeutet wird. Doch dass diese Gefahr nicht überhand nimmt, dafür sorgt auch weiterhin die große Masse der echten Hundefreunde, zu denen wir uns zählen. Wir wollen dem Hund geben, was ihm zusteht: Zuneigung, Fürsorge und sachgemäße Haltung. Denn wir wissen (oder sollten uns klar machen), dass der Hund ganz und gar unserer Obhut anheim gegeben ist und dass er ohne seine menschlichen Betreuer und Bezugspersonen auf die Dauer nicht existieren kann, weil er eben kein unabhängiges Wildtier mehr ist, sondern schon vor sehr langer Zeit vom Menschen zum Haustier gemacht wurde.

Man mag das bedauern, aber es ist nun einmal so: Der Haushund hat die naturgegebene Eigenständigkeit seiner wild lebenden Vorfahren uns Menschen zuliebe weitgehend eingebüßt und ist deshalb gänzlich von uns abhängig und auf uns angewiesen. Er braucht uns als Ersatzkumpan, als Obdach- und Nahrungsbeschaffer. Diese Entwicklung lässt sich nicht mehr rückgängig machen. Aus alledem ergibt sich folgerichtig: Der Hund mit Familienanschluss, der Familienhund, muss die Regel sein. Nur so können wir den Eingriff in die Natur wieder gutmachen, den unsere fernen Ahnen begingen, als sie den Hund auf immer an sich banden und dadurch dem Leben in freier Wildbahn entfremdeten.

Der Haushund ist, wenn man so will, ein »Kunstprodukt« des Menschen, aber erfreulicherweise nicht nur das. Er hat sich trotz allem noch viel von seiner Ursprünglichkeit bewahrt, und manche seiner angestammten guten Eigenschaften

Menschen und Hunde bilden eine ideale Partnerschaft. Die Beziehung zwischen diesen beiden ungleichen Lebewesen besteht schon seit vielen Jahrtausenden und ist in den letzten Jahrhunderten immer enger und inniger geworden. Der Hund mit Familienanschluss, der Familienhund, ist heute die Regel.

sind durch gezielte Zuchtbemühungen noch gesteigert und verfeinert worden – zumindest aus der Perspektive des Menschen. (Dass der Ehrgeiz der Züchter zuweilen auch negative Folgen hatte, darf freilich nicht verschwiegen werden.) Generell gilt, dass der Haushund immer schöner, kontaktfreudiger, anhänglicher, anpassungsfähiger und menschenfreundlicher geworden ist. Und er wurde immer variabler in dem Sinne, dass aus wenigen Grundtypen eine Vielzahl von Rassen mit unterschiedlichen Körpermerkmalen und Wesenszügen hervorgegangen ist. Diese Vielfalt bietet die Gewähr dafür, dass jeder Mensch, der tierlieb und einfühlsam ist, »seinen« Hund finden kann. Wo der richtige Mensch und der richtige Hund zusammenkommen, können beide ein ganzes Hundeleben lang glücklich miteinander werden. Schöneres lässt sich zum Lob einer Partnerschaft zwischen zwei so ungleichen Lebewesen wohl kaum sagen.

Der gezähmte Wolf

Der Zoologe fasst unter dem Oberbegriff »Hund« mehr als 30 miteinander verwandte Raubtierarten zusammen, die im System des Tierreichs gemeinsam eine Familie bilden, eben die Familie der Hunde oder Caniden (Canidae). Nach neuesten genetischen Untersuchungen steht inzwischen eindeutig fest, was schon seit längerer Zeit als allgemeine Lehrmeinung gilt: Nur ein einziges Mitglied der Familie Canidae, nämlich der Wolf *(Canis lupus)*, ist die Stammform aller Haushunde. Es ist demnach nicht zulässig, den Haushund als eigenständige Art aufzufassen und ihm den wissenschaftlichen Artnamen *Canis familiaris* zu geben, wie es früher regelmäßig geschah und in vielen älteren – und sogar neueren – Hundebüchern zu lesen ist. Die korrekte wissenschaftliche Bezeichnung des Wolfsabkömmlings Haushund lautet somit *Canis lupus* f. familiaris, wobei die Abkürzung »f.« für lateinisch »forma« (Form oder Zuchtform) steht und »familiaris« so viel wie »häuslich« oder »zur Familie gehörig« bedeutet.

Dass der Hund vom Wolf abstammt, ist erwiesen, aber wann, wo, weshalb und wie aus dem Wildtier Wolf das Haustier Hund geworden ist, bleibt nach wie vor ein Geheimnis. Bekannt ist immerhin, dass die ältesten echten Hundeknochen, die von Archäologen ausgegraben wurden, auf eine Zeit vor etwa 15000 Jahren zu datieren sind. Die Haustierwerdung oder Domestikation

des Wolfs muss also schon vor dieser Endphase der Altsteinzeit stattgefunden haben, und sie war sicherlich kein einmaliges kurzes Ereignis, sondern ein langer und langwieriger Prozess, der sich in verschiedenen Weltgegenden in ähnlicher Form abgespielt haben dürfte – vielleicht etwa so:
Wenn die Steinzeitjäger abends um ihr Feuer saßen, schlichen sehr oft hungrige Wölfe um das Lager, wo es so herrlich nach gebratenem Fleisch duftete. Wurde ihr Heulen den Männern gar zu lästig, dann stand einer auf und vertrieb die Störenfriede mit Steinen oder Holzprügeln. Aber hin und wieder hat wohl ein gutmütiger Jäger den bettelnden Tieren einmal ein paar abgenagte Knochen zugeworfen. Das gefiel den Wölfen natürlich, und am nächsten Abend stellten sie sich wieder ein und wagten sich sogar einige Schritte näher ans Lager heran. Allmählich entwickelte sich so eine gewisse Vertrautheit zwischen Mensch und Tier. Die Tiere folgten den Männern, wenn die auf die Jagd gingen, und Menschen und Wölfe merkten bald, dass sie voneinander profitierten: Die Menschen machten sich die gute Spürnase der Wölfe zunutze, und die Wölfe erhielten als Belohnung die Abfälle von der Beute.
Es kam wohl auch immer häufiger vor, dass ein steinzeitlicher Jäger irgendwo einen Wolfswelpen auflas und mit heim ins Lager trug, als lebendes Spielzeug für die Kinder. Die drolligen Wölfchen wurden verhätschelt und verwöhnt und wollten sich von ihren zweibeinigen Freunden gar nicht mehr trennen. Diese halb zahmen

Wild lebende Wölfe sind die Stammeltern aller Haushunde. Die gelungene Domestikation des Wolfs war ein Glücksfall der Menschheitsgeschichte.

Tiere wuchsen im Umkreis der Menschen auf und bekamen Nachwuchs, der von vornherein schon stark auf den Menschen geprägt war. Von nun an gehörten die gezähmten Raubtiere zum Lebensbereich des Menschen.

So etwa sieht das konventionelle Anfangsszenario der Wolfsdomestikation aus. Neuere Forschungen lassen jedoch den Schluss zu, dass das alles sehr viel früher – möglicherweise schon vor mehr als 100000 Jahren – stattgefunden und dass sich der Wolf auf dem Weg der »Selbstdomestikation« dauerhaft im Umkreis des Menschen eingenistet hat. Das heißt: Nicht der Mensch hat den Wolf durch Zähmung und Zucht an sich gebunden, sondern der Wolf, von Natur aus ein höchst anpassungsfähiger Opportunist, hat schon in grauer Vorzeit die Umwelt der Frühmenschen als eine günstige ökologische Nische entdeckt, die er nach und nach besetzte, quasi als eine Art sozialer Schmarotzer, der geschickt von der geistigen Überlegenheit seiner zweibeinigen »Wirte« profitierte. In Anpassung an ihre selbst gewählte neue Rolle haben sich diese Wölfe im Zuge einer natürlichen Auslese äußerlich und innerlich leicht verändert, bevor dann mit der Sesshaftwerdung des Menschen die gezielte künstliche Zuchtwahl der »Wolfshunde«, also die eigentliche Haustierwerdung und die echte Hundehaltung, ihren Anfang nahm.

Wie dem auch sei, in jedem Haushund steckt noch immer ein mehr oder weniger großes Erbteil des Wolfs. Der Körperbau, die Sinnesorgane, das Skelett und insbesondere das Gebiss weisen den Hund unverkennbar als Raubtiernachfahren aus, und auch sein Verhaltensinventar enthält bis heute viele wölfische Komponenten. Der Hund ist wie der Wolf ein Rudeltier mit einem stark ausgeprägten Sozialverhalten. Das Wolfsrudel wird allerdings beim Hund durch das »Menschenrudel« ersetzt, in dessen Rangordnung er seinen ihm zustehenden Platz finden muss, wenn das Zusammenleben von Mensch und Hund funktionieren soll. Der jugendliche Hund versucht, wie wohl jeder Hundehalter aus leidvoller Erfah-

Hündinnen – hier ein West Highland White Terrier – sind vorbildliche Mütter, die ihre Welpen etwa zwei Monate lang säugen und umsorgen. Erst nach der Entwöhnung dürfen die Hundekinder in fremde, aber freundliche Hände abgegeben werden. Die liebevolle Jungenaufzucht ist uraltes Wolfserbe.

Alle Haushunde können schwimmen. Dieses Naturtalent haben sie mit sämtlichen Mitgliedern der Familie Canidae gemeinsam. Viele Hunderassen haben sogar eine ausgeprägte Vorliebe fürs Schwimmen, Planschen und Tauchen entwickelt. Auf dem Foto ein Cairn Terrier.

rung weiß, innerhalb der Rudelhierarchie oft sehr nachdrücklich und handfest einen möglichst hohen Rang zu erlangen, und er muss rechtzeitig lernen, wer der Rudelchef und Herr im Haus ist.

Als soziale Wesen verfügen unsere Hunde über eine von den Wolfsahnen ererbte Körpersprache, die der Verständigung unter den Rudelmitgliedern und allgemein unter Artgenossen dient, aber auch von Artfremden, einschließlich des Menschen, durchaus verstanden wird. Blickkontakt, Ohrenspiel, Fellsträuben, Schwanzhaltung und die Körperhaltung insgesamt zeigen unmissverständlich an, was im gezähmten Wolf vorgeht, ob er freundlich, selbstbewusst, unterwürfig, ängstlich oder aggressiv gestimmt ist. Auch das von allen Hunden beiderlei Geschlechts ständig praktizierte Duftmarkieren, also die Ausscheidung von Duftstoffen mit dem Kot und Urin oder aus speziellen Drüsen, gehört zum Wildtiererbe. Mit solchen körpereigenen Gerüchen kennzeichnen die mit einer unvorstellbar feinen Nase ausgestatteten Tiere ihr Revier oder Territorium, und zugleich informieren sie damit ihre Artgenossen eingehend über ihren sozialen Status oder ihre sexuelle Bereitschaft.

Selbst so kurios anmutende Verhaltensformen wie die mehrfachen Drehbewegungen vor dem Niederlegen, die man bei vielen Hunden beobachten kann, gehen auf uralte Instinkthandlungen zurück: Der Hund sichert, bevor er sich zur Ruhe begibt, vorsorglich nach allen Seiten und schafft gleichzeitig durch die Körperdrehungen eine Mulde in der Bodenvegetation, auch wenn er es sich nicht im Gras, sondern auf dem Wohnzimmerteppich bequem machen will. Sogar in seinen Essgewohnheiten ist der Haushund äußerst konservativ: Wie der Wolf ernährt er sich zwar vorwiegend von Fleisch, gern auch in Form von stark vergammeltem Aas, doch er braucht daneben unbedingt pflanzliche Beikost, wie sie seine wild lebenden Vorfahren regelmäßig im Verdauungstrakt ihrer Pflanzen fressenden Beutetiere vorfanden.

Andererseits haben sich jedoch die domestizierten Wölfe vielfach sehr weit von ihrer Stammart entfernt. Die Veränderungen in Körperbau und Körpergröße fallen sofort ins Auge. Teile des ursprünglichen, perfekt ausgebildeten Wolfsskeletts haben sich während der jahrtausendelangen Domestikation umgeformt, vergrößert oder verkleinert – häufig nicht zum Vorteil der Tiere. Die Sinnes- und Instinktleistungen sind vermindert, weil das Leben in Menschenobhut an diese Fähigkeiten keine so hohen Anforderungen mehr stellt wie das Leben in freier Wildbahn. Überhaupt ist das Wesen des Haushunds durch eine gewisse »Verkindlichung« gekennzeichnet. Mit anderen Worten: Der Hund bleibt auf einer infantilen Stufe seiner »geistigen« Entwicklung stehen, weil er das ausgereifte Verhaltensrepertoire des Raubtiers Wolf, insbesondere dessen komplexes Beutefang- und Rudelverhalten, nicht mehr benötigt. Der Mensch behandelt und verwöhnt seinen Hund ja zeitlebens wie ein Kind und nimmt ihm vieles ab, was der Wolf in der Natur selbst leisten muss. Nahrungsbeschaffung, Unterbringung, Schutz vor Feinden, vor Krankheiten und den Unbilden des Wetters, sogar die Wahl des Sexualpartners – all dies und noch mehr erledigt der Hundehalter für seinen vierbeinigen Gefährten.

Die hier umschriebenen Domestikationsfolgen empfinden wir Menschen als durchaus positiv und angenehm, denn wir schätzen gerade die kindliche Anhänglichkeit und Fügsamkeit unserer leicht infantil gebliebenen Hausgenossen. Aber die Domestikation hat auch noch eine andere, weniger erfreuliche Auswirkung: Genetisch bedingte Krankheiten und Wesensschwächen, die in Wildpopulationen durch die natürliche Auslese ausgemerzt würden, haben sich eingeschlichen und werden durch die Rassezucht, die vielfach mit einem sehr begrenzten Genpool betrieben wird, weitergegeben und womöglich noch verstärkt.

Ein Deutscher Schäferhund, der eine Schafherde hütet, ist ein seltener Anblick geworden. Wie die meisten ehemaligen Gebrauchshunde wird er heute fast ausschließlich als Begleit- und Familienhund gehalten.

Die Entstehung der Rassen

Bereits vor einigen Jahrtausenden hat sich aus den domestizierten Wölfen eine große Typenvielfalt des Haushundes entwickelt. Eine gewisse Vielfalt war freilich schon dadurch vorprogrammiert, dass auch die Wölfe kein einheitliches Erscheinungsbild abgeben. In ihrem einstigen riesigen Verbreitungsgebiet, das die gesamte Nordhalbkugel von Nordamerika über Eurasien bis Japan umfasste, haben sich mehr als 40 Unterarten der Spezies *Canis lupus* herausgebildet, die sich in Größe, Fellbeschaffenheit und Umweltanpassung oft deutlich voneinander unterscheiden und diese unterschiedlichen Merkmale an ihre domestizierten Nachfahren weitergegeben haben. So lassen sich beispielsweise von nordamerikanischen Unterarten des Wolfs die Eskimohunde herleiten, von chinesischen die Pekinesen und Chow-Chows, von indischen die verschiedenen Windhunde und von europäischen die Schäferhunde, Spitze und Terrier. Die bedeutende Gruppe der doggenartigen Hunde, zu denen wir heute den kleinen Mops ebenso zählen wie die großen Bernhardiner und Neufundländer, stammen sowohl von indischen wie von europäischen Wölfen ab – teils auf dem Umweg über die Molosser, wie die mächtigen, schweren Kampfhunde der Antike genannt werden.

So wie die alten Römer diese Molosser für Hundeschaukämpfe und Kriegseinsätze gezüchtet haben, so hat man einst überall auf der Welt durch gezielte Zuchtauslese Hunde für bestimmte Zwecke hervorgebracht. Bis vor wenigen Jahrhunderten waren nahezu alle Haushunde »Gebrauchshunde«. Sie standen als Wächter von Haus und Hof, als Helfer der Jäger und Fischer, als Hüter und Beschützer der Herden, als Zug- und Tragtiere im Dienste des Menschen. Heutzutage haben die meisten der immer noch so genannten Gebrauchshunde ihre ehemalige Funktionen eingebüßt und sind zu reinen Begleit- oder Familienhunden geworden. Der Schäferhund hütet keine Schafe mehr, sondern rennt neben dem Sportrad seines Herrchens her, der Dackel verdient kaum noch seinen eigentlichen Namen Dachshund, weil er lieber auf dem Sofa liegt, als in Dachsbaue einzufahren, und der Berner Sennenhund zieht schon lange keine Milchkarren mehr über raue Bergpfade, sondern führt ein Luxusleben auf Villengrundstücken vor der Stadt.

Die eigentlichen Jagdhundrassen sind durchweg echte Gebrauchshunde geblieben. Für die Liebhaberhaltung kommen sie deshalb kaum in Frage.

Nach heutigen Erkenntnissen kann man davon ausgehen, dass die wesentlichsten Zuchtrichtungen – Jagd-, Wach- und Hütehunde – zwischen 500 v. Chr. und 500 n. Chr., also vom klassischen Altertum bis zum frühen Mittelalter, entstanden sind. Das waren allerdings noch keine echten Rassen im heutigen Sinne, sondern allenfalls deren Vorläufer, die jedoch immerhin, wie zahlreiche bildliche Darstellungen bezeugen, schon eine gewisse Ähnlichkeit mit modernen Rassehunden aufwiesen. Diese entwickelten sich erst allmählich seit dem 13. Jahrhundert, wurden freilich sehr lange nicht nach verbindlichen einheitlichen Vorschriften gezüchtet. Die frühesten Vorschriften dieser Art, die wir heute Rassestandards nennen, haben engagierte Kynologen erst in der zweite Hälfte des 19. Jahrhunderts festgelegt. 1873 wurde in Großbritannien der erste Zuchtverein, der Kennel Club (»Zwingerklub«), gegründet, der in einem Zuchtbuch die Stammbäume von rund 4000 Hunden, unterteilt in 40 Rassen, erfasste. Andere Länder zogen sehr bald mit eigenen nationalen Zuchtverbänden nach, die sich 1911 in der Fédération Cynologique Internationale (FCI) zusammenschlossen. Der maßgebliche deutsche Dachverband, der der FCI angehört, ist der Verband für das Deutsche Hundewesen (VDH) mit Sitz in Dortmund.

Vorbemerkungen zum Rassenteil

Nur ein Teil der mehr als 400 Rassen, die wir heute kennen, erfreut sich allgemeiner Bekanntheit und Beliebtheit. Viele Rassen sind nur regional verbreitet, andere, insbesondere die echten Jagdgebrauchshunde, kommen wegen ihres spezialisierten Verwendungszwecks für den normalen Hundefreund kaum in Frage, und manche extremen Züchtungen, zu denen wir einerseits die fast lebensuntüchtigen oder missratenen Produkte verantwortungsloser Züchter als auch die potenziell gefährlichen Kampfhunde rechnen, scheiden ohnehin weitgehend aus. Was bleibt, sind gut 100 Rassen, die sich als Hausgenossen uneingeschränkt empfehlen. Sie werden im nachfolgenden Rassenteil im Einzelnen vorgestellt. Dabei können naturgemäß nur die typischen Merkmale und Eigenschaften der jeweiligen Rasse erfasst werden. Abweichungen von der Regel kommen vor, weil jeder Hund ein Indi-

Die Formenvielfalt der Hunderassen ist erstaunlich. Der Chihuahua, der kleinste Hund der Welt, reicht seinem Herrchen gerade mal bis zum Knöchel. Doch trotz seiner Winzigkeit tritt er sehr selbstbewusst und mutig auf.

Der Deerhound steht am anderen Ende der Größenskala. Er überragt mühelos sein Frauchen, bleibt aber stets ein sanfter Riese, der keinem Menschen etwas zuleide tut.

viduum mit individuellen Vorzügen und Schwächen ist, und sollten vom angehenden Hundehalter einkalkuliert werden. Das Risiko negativer Abweichungen vom typischen Charakterbild kann man am ehesten dadurch ausschalten, dass man seinen vierbeinigen Gefährten bei einem soliden Züchter erwirbt, der dem zuständigen nationalen Dachverband angehört (Anschriften am Ende des Buches auf S. 124).

Da sich keine der »offiziellen« Einteilungen des Rassenbestandes, auch nicht die der FCI, als wirklich praxisnah erweist und da eine rein alphabetische Reihenfolge allzu willkürlich erscheint, haben wir uns für eine Anordnung nach Körpergröße entschieden. Maßgeblich ist die im Standard angegebene Schulterhöhe, gemessen als Widerristhöhe (senkrechter Abstand zwischen Boden und höchstem Punkt der Schulter). Wer einen handlichen kleinen Hausgenossen sucht, findet ihn also am Anfang des Rassenteils. Die zahlreichen mittelgroßen Hunde, die sich für die Liebhaberhaltung durchweg besonders gut eignen, machen den breiten Mittelteil aus, und die Riesen unter den Hunden, die zumeist auffallend gutmütig sind, beschließen die Zusammenstellung.

Zwei wesentliche Eigenschaften bestimmter Rassen, nämlich ihre Kinderfreundlichkeit und ihre Eignung für ein Leben in der Stadt, werden durch Symbole neben dem jeweiligen Rassenamen hervorgehoben. Dabei kennzeichnet

solche Rassen, die generell als ausgesprochen kinderlieb angesehen werden und sich von den kleinsten Familienmitgliedern (fast) alles gefallen lassen.

verweist auf bedingt kinderliebe Hunde, die zwar mit Kindern gut zurechtkommen, aber vor allem mit sehr kleinen Kindern nicht viel anfangen können und mit diesen nicht allein gelassen werden sollten.

Entsprechendes gilt für die Stadttauglichkeit:

kennzeichnet Rassen, die praktisch in jeder Stadtwohnung gehalten werden können, ohne Schaden zu nehmen oder anzurichten.

bedeutet eine bedingte Eignung für das Stadtleben, weil die betreffenden Hunde zu groß, zu »naturverbunden«, zu bewegungsfreudig oder zu bellfreudig sind.

Chihuahua

Größenvergleich
(zum Herrchen
= ca. 180 cm)

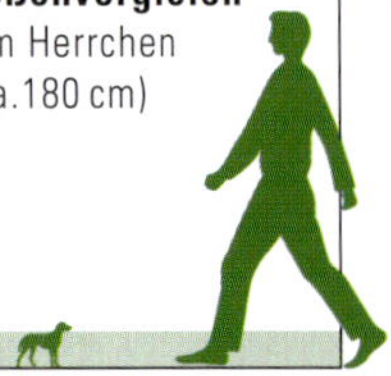

Schulterhöhe
Im Standard nicht vorgeschrieben, liegt aber im Schnitt bei 16–20 cm

Gewicht
0,5–3 kg,
ideal sind 1–1,2 kg

Fellfarbe
Alle Farben und Farbkombinationen sind zugelassen.

Besonderheiten
Anfällig für Knochenbrüche, Patellaluxation, Herzerkrankungen, Zuckerkrankheit, Krämpfe.
Geeignet für Anfänger, vor allem auch für ältere Personen.

Geschichte: Der Chihuahua (sprich: Tschiwawa), benannt nach dem gleichnamigen Staat im Nordosten Mexikos, stammt wohl tatsächlich aus Mexiko. Er kann auf eine sehr lange, aber ziemlich mysteriöse und nicht immer erfreuliche Geschichte zurückblicken. Chihuahuas waren verhätschelte Schoßhündchen aztekischer Prinzessinnen, denen sie in den Tod folgen mussten, und sie wurden auch als Opfertiere und sogar als bloße Fleischlieferanten geschlachtet. Im späten 19. Jahrhundert gelangte die Rasse nach Nordamerika und von dort nach Europa, wo ihr Standard erst 1942 festgelegt wurde.
Eigenschaften: Der kleinste Rassehund der Welt kann sich auf einer Handfläche zusammenkuscheln, ist aber trotz seiner Winzigkeit ein schneidiges, selbstbewusstes und wachsames Kerlchen. Die Kleinen sind sehr temperamentvoll, anhänglich, ja liebebedürftig, aber auch ein wenig anspruchsvoll und eigenwillig. Die Rasse kommt in zwei Schlägen vor: kurz- und langhaarig. Da die Hundezwerge etwas kälteempfindlich sind, sollte man sich möglichst für die langhaarige Variante entscheiden.
Haltung: Der pflegeleichte Chihuahua fühlt sich selbst in der kleinsten Stadtwohnung wohl, weil er vor allem den Kontakt zum Menschen sucht. Er ist deshalb ein idealer Gefährte für alleinstehende Senioren, die sich ständig um ihn kümmern können, ohne ihn allzu sehr zu verwöhnen.

Zwergspitz

Schulterhöhe
Um 20 cm

Gewicht
2–3 kg

Fellfarbe
Schwarz, braun, weiß, orange, wolfsgrau oder andersfarbig.

Besonderheiten
Anfällig für Patella-luxation.
Geeignet für Anfänger, vor allem auch für ältere Personen.

Geschichte: Der Zwergspitz repräsentiert keine eigene Rasse, sondern ist der kleinste Schlag der Rasse Deutscher Spitz. Er hat wie alle Spitze seinen Ursprung in vorgeschichtlicher Zeit, erhielt seine heutige Miniaturform jedoch erst in den letzten Jahrzehnten, weil ehrgeizige Züchter es offenbar nicht lassen können, immer zierlichere Hunde zu produzieren. Der ursprüngliche kleine Spitz stammt angeblich aus Pommern, wo er aus größeren Schlägen herausgezüchtet wurde. Deshalb heißt er im Englischen Pomeranian und im Französischen Loulou de Poméranie.

Eigenschaften: Der Zwergspitz ist trotz seiner Winzigkeit, die durch das üppige Haarkleid kaschiert wird, eine selbstbewusste Hundepersönlichkeit, die selbst vor großen Artgenossen keine Angst zeigt. Er erfreut sich in neuerer Zeit wachsender Popularität, weil er lebhaft, fröhlich, gelehrig, wachsam und attraktiv ist. Doch leider hat die starke Verniedlichung und Verzwergung, die der Winzling über sich ergehen lassen musste, auch einen gewissen Nachteil, denn er ist etwas krankheitsanfälliger als seine größeren Verwandten.

Haltung: Der reizende Hundezwerg passt überall hin, besonders gut in die Wohnung von Senioren in Stadt und Land, die nicht mehr allzu gut zu Fuß sind und auf lange Spaziergänge verzichten müssen. Das schöne Fell muss zwar gepflegt werden, macht aber weniger Arbeit, als man zunächst meint.

Pekinese

Größenvergleich
(zum Herrchen
= ca.180 cm)

Schulterhöhe
Nicht vorgeschrieben, im Schnitt um 18–22 cm

Gewicht
Rüde bis 5 kg,
Hündin bis 5,5 kg

Fellfarbe
Alle Farben und Abzeichen erlaubt, ein- und mehrfarbig; immer mit schwarzer Maske.

Besonderheiten
Anfällig für Augenleiden, Atembeschwerden und Missbildungen.
Geeignet für Anfänger, vor allem auch für ältere Personen.

Geschichte: Der Pekinese oder Pekingese, offiziell auch Peking-Palasthund genannt, ist der Legende zufolge aus der Verbindung zwischen einem Löwen und einer Äffin hervorgegangen. Die uralte Rasse lebte viele Jahrhunderte lang ausschließlich am kaiserlichen Hof in Peking. Auf einer »Entführung« stand sogar die Todesstrafe. Erst 1860, nach der Eroberung Pekings durch die Briten, gelangten die ersten fünf Exemplare nach England, wo die Rasse in ihrer modernen Form weiter gezüchtet wurde. Sie wurde wegen ihrer Originalität rasch in ganz Europa populär.
Eigenschaften: Man hat den Eindruck, als wäre sich der Pekinese seiner großen Vergangenheit als Palasthund bewusst. Er gibt sich trotz seiner Kleinheit würdevoll, unerschrocken und eigenwillig und lässt sich nicht zu unterwürfigem Gehorsam erziehen. Seiner Bezugsperson ist er in der Regel treu ergeben, aber Fremden gegenüber gibt er sich misstrauisch und abweisend, ja sogar aggressiv. In dem Winzling steckt ziemlich viel Temperament, das manchmal mit ihm durchgeht, und dann schnappt er ohne Vorwarnung zu.
Haltung: Diese komplizierte Hundepersönlichkeit hat immerhin den Vorzug, dass sie nicht viel Platz und auch nicht viel Auslauf braucht. Die platte Nase und die großen vorstehenden Augen sind sehr empfindlich. Die Haarpracht muss täglich gepflegt werden.

Yorkshire Terrier

Größenvergleich
(zum Herrchen
= ca. 180 cm)

Schulterhöhe
Nicht vorgeschrieben, liegt bei 20–24 cm

Gewicht
Bis 3,5 kg

Fellfarbe
Mantel vom Hinterkopf bis zum Rutenansatz stahlblau, sonst lohfarben.

Besonderheiten
Anfällig für Patellaluxation, Zahnleiden, Knochenbrüche und Augenbeschwerden. Geeignet für Anfänger, vor allem auch für ältere Personen.

Geschichte: Seinen Namen hat dieser kleinste Terrier der Welt von der englischen Grafschaft Yorkshire, wo er im 19. Jahrhundert von Bergleuten – nach einer anderen Version von Webern – aus kleinwüchsigen Terrierformen und langhaarigen Maltesern herausgezüchtet worden ist. Ursprünglich hat man die schneidigen Winzlinge, die man in die Tasche stecken und so zum Jagen tragen konnte, für die Bekämpfung von Ratten und Mäusen verwendet. Später verwandelten sie sich in exklusive Luxushündchen und neuerdings sogar in ausgesprochene Modehunde, die unter Massenvermehrung zu leiden hatten.
Eigenschaften: Der Yorkshire Terrier, liebevoll »Yorkie« genannt, ist ein tapferer Held im Seidengewand. Er besitzt ein erstaunliches Selbstbewusstsein und kennt keine Angst vor großen Tieren. So forsch und robust sind freilich nur Yorkies aus einer guten Zucht; Rassegenossen dubioser Herkunft erweisen sich leider oft als degenerierte, ängstliche oder überaggressive Nervenbündel. Ein gesunder Yorkie ist ein angenehmer Hausgenosse, aufgeweckt, lebhaft, klug, fröhlich und verspielt. Als Spieltier für Kinder ist er allerdings gänzlich ungeeignet.
Haltung: Ein Yorkie nimmt selbst mit der kleinsten Wohnung vorlieb und braucht nicht viel Auslauf. Das seidige Haarkleid muss intensiv gepflegt werden – doch möglichst ohne Lockenwickler und Schleifchen!

Malteser

Größenvergleich
(zum Herrchen
= ca. 180 cm)

Schulterhöhe
Rüde 21–25 cm,
Hündin 20–23 cm

Gewicht
3–4 kg

Fellfarbe
Rein weiß; hell orange Tönungen sind zugelassen, aber nicht erwünscht.

Besonderheiten
Anfällig für Patellaluxation, Zuckerkrankheit und Verstopfung des Tränenkanals. Geeignet für Anfänger, vor allem auch für ältere Personen.

Geschichte: Ob die Malteser bzw. deren Vorläufer nach der Insel Malta benannt sind, wohin phönizische Kaufleute sie vor über 2000 Jahren exportiert haben sollen, ist umstritten. Viele Experten leiten den Namen von der dalmatinischen Insel Mljet her, die im Altertum Melite hieß und dazumal für ihre Hundezucht berühmt war. Wie dem auch sei, die Malteser gehören zu den ältesten Schoßhunden überhaupt und wurden von vielen antiken Autoren beschrieben und gerühmt. Gerade auf Malta haben sich mehrere einschlägige Inschriften erhalten. Die Hundezwerge waren schon immer die besonderen Lieblinge vornehmer Damen, aber auch Kaiser und Könige, Künstler und Snobs schmückten sich mit ihnen.
Eigenschaften: Erst in neuerer Zeit hat man erkannt, dass der Malteser mehr ist als ein verhätscheltes Schoßhündchen, nämlich ein aufgeweckter, kluger und temperamentvoller, ja frecher und mutiger Familienhund, der gern spielt und herumtollt. Er ist sehr liebebedürftig und anschmiegsam und schließt sich extrem eng an seine Bezugsperson an. Fremde mag er nicht und versucht sie durch Dauerkläffen einzuschüchtern.
Haltung: Der Malteser ist ein idealer Gefährte für ältere Menschen, die ihrem Liebling sehr viel Zeit widmen können. Das lange Seidenhaar muss täglich, oft nach jedem kurzen Spaziergang, gekämmt und gesäubert werden.

Silky Terrier

Größenvergleich
(zum Herrchen
= ca.180 cm)

Schulterhöhe
Um 23 cm

Gewicht
3,5–4,5 kg

Fellfarbe
Blau oder graublau mit lohfarbenen Abzeichen; Welpen sind oft schwarz oder schwarz und lohfarben.

Besonderheiten
Keine rassetypischen Krankheiten bekannt. Geeignet für Anfänger, vor allem auch für ältere Personen.

Geschichte: Mit vollem Namen heißt er Australian Silky Terrier (»Australischer Seidenterrier«). Er ist um 1900 oder schon früher wahrscheinlich aus der Verbindung von Australian Terrier und Yorkshire Terrier, dem er auffallend ähnelt, hervorgegangen. Aber zweifellos wurden noch andere niederläufigen Terrierrassen eingekreuzt, sodass sich die Ahnenreihe nicht mehr eindeutig entwirren lässt. Die Rasse hat sich erst nach und nach zu ihrem heutigen einheitlichen Erscheinungsbild hin entwickelt und wurde deswegen erst 1959 international anerkannt.

Eigenschaften: Der Silky Terrier wurde früher offensichtlich häufig als beherzter Rattenfänger eingesetzt, und selbst vor Schlangen schreckte er nicht zurück. Er ist eben ein waschechter Terrier: schneidig, mutig, aktiv, intelligent, geistig und körperlich sehr beweglich und zugleich fröhlich, verspielt, lernwillig und anhänglich. Der vitale kleine Kerl eignet sich jedenfalls nicht als Schoßhündchen, eher schon als umtriebiger Spaßmacher. Ein enger Familienanschluss ist ihm ein Bedürfnis, und dass er zuweilen etwas nervt, macht er durch sein unterhaltsames Wesen wieder gut.

Haltung: Der Silky Terrier nimmt mit fast jeder Wohnung vorlieb und braucht nicht viel Auslauf. Das seidige Haar muss jedoch regelmäßig gründlich gepflegt werden.

Japan Chin

Größenvergleich
(zum Herrchen
= ca. 180 cm)

Schulterhöhe
Rüde um 25 cm,
Hündin etwas kleiner

Gewicht
2–4 kg

Fellfarbe
Weiß mit schwarzen oder rotgelben Platten.

Besonderheiten
Etwas anfällig für Patellaluxation und Augenbeschwerden. Geeignet für Anfänger, vor allem auch für ältere Personen.

Geschichte: Im Fernen Osten, wo man traditionell einen Hang zur Verkleinerung und Verniedlichung von Heimtieren hat, entstand der Japan Chin, oft kurz Chin genannt. Das Ursprungsland dieser Miniaturhündchen ist vermutlich China, und von dort aus gelangten sie schon früh nach Japan, wo sich vor allem die vornehmen Damen ihrer annahmen. Sie betrieben die Verzwergungszucht und trugen die Produkte ihrer Bemühungen gern als so genannte »Ärmelhündchen« in die Ärmelfalten ihrer Kimonos umher. Wahrscheinlich erst nach 1850 kamen die ersten Chins nach Europa, und zwar als Geschenk für die hundefreundliche Königin Victoria. 1880 schenkte die japanische Kaiserin ihrer deutschen Standesgenossin Augusta das erste Chinpärchen.
Eigenschaften: Der Chin hat zwar eine lange Geschichte als aristokratischer Luxus- und Schoßhund, gibt aber auch in bürgerlichen Familien einen anhänglichen, charmanten und stets fröhlichen und verspielten Hausgenossen ab. Die Hundezwerge sind trotz ihres grazilen Körperbaus und ihres seidenweichen Wuschelfells erstaunlich robust, selbstbewusst, ja frech, und sie machen gern weite Spaziergänge bei fast jedem Wetter.
Haltung: Ein Chin passt in jede Wohnung, auch in der Großstadt. Er eignet sich ideal für ältere Menschen, die ihm viel Liebe und Zuwendung schenken können. Das Haarkleid ist bei regelmäßigem Kämmen pflegeleicht.

Australian Terrier

Schulterhöhe
Um 25 cm

Gewicht
6–6,5 kg

Fellfarbe
Blau, silbergrau oder dunkel blaugrau mit lohfarbenen Abzeichen; rötlichblond oder rot.

Besonderheiten
Keine rassetypischen Krankheiten bekannt. Geeignet für Anfänger.

Geschichte: Die nach Australien ausgewanderten englischen und insbesondere schottischen Siedler erzüchteten im 19. Jahrhundert aus den diversen britischen Terriern, die sie mitgebracht hatten, einen neuen Terriertyp, wie er in der neuen Heimat dringend gebraucht wurde. So entstanden die Vorläufer des Australischen Terriers, die in den weltabgeschiedenen Farmen als zuverlässige Wächter, Rattenjäger und Schlangentöter fungierten. Die ersten Vertreter der Rasse, die zu Beginn des 20. Jahrhunderts nach Europa kamen, sahen sehr unterschiedlich aus, und erst dann begann in der alten Welt die auf Vereinheitlichung ausgerichtete Selektionszucht.

Eigenschaften: Der Australian Terrier ist trotz seiner bewegten Vergangenheit ein sehr empfehlenswerter, angenehmer Hausgenosse. Er zeichnet sich aus durch Wesensfestigkeit, Vitalität und Langlebigkeit. Er ist anpassungsfähig und anhänglich, freundlich und fröhlich, außerdem recht kinderlieb und sehr wachsam. Seine ursprüngliche Schärfe hat er weitgehend eingebüßt, aber ein typischer Terrier ist er bis heute geblieben – robust, selbstsicher und ein wenig dickköpfig.

Haltung: Jeder Hundefreund, der einen lieben kleinen Wohnungshund sucht, ist mit diesem Terrierzwerg bestens bedient. Er braucht außer viel Liebe nur wenig Pflege.

Tibet Spaniel

Größenvergleich
(zum Herrchen
= ca. 180 cm)

Schulterhöhe
Ideal sind 25,5 cm

Gewicht
4–7 kg

Fellfarbe
Alle Farben und Farbkombinationen sind zugelassen.

Besonderheiten
Etwas anfällig für Netzhautatrophie und Nierenleiden.
Geeignet für Anfänger.

Geschichte: Der Tibet Spaniel, der eigentlich kein Spaniel ist, weil er nie als Jagdhund verwendet wurde, verkörpert eine sehr alte Rasse, die wahrscheinlich tatsächlich in Tibet ihren Ursprung hat. Angeblich ist er eine Kreuzung aus Lhasa Apsos und Pekinesen, die tibetische Mönche vom chinesischen Kaiser in Peking zum Geschenk erhielten. Nach einer anderen Theorie stammt der Tibet Spaniel von einem uralten aristokratischen Kleinhund aus Korea ab. Jedenfalls wurden Tibet Spaniels viele Jahrhunderte lang in tibetischen Klöstern gezüchtet, vor allem als »Gebetshunde«, die die Gebetsmühlen antreiben mussten. Nach Europa gelangte die Rasse erst ziemlich spät.
Eigenschaften: Der hübsche, gut proportionierte Zwerghund, der in Europa anfangs wenig Anklang fand, wird neuerdings offensichtlich immer beliebter – und das zu Recht. Er ist ein robuster, selbstsicherer, intelligenter und fröhlicher Hausgenosse, der seiner Familie loyal ergeben ist, aber Fremden mit gesundem Misstrauen begegnet, ja auch einmal aggressiv werden kann, wenn ihm etwas in die Quere kommt. Mit Kindern verträgt er sich recht gut, und außerdem ist er ein guter Wachhund, dem keine Störung entgeht.
Haltung: Sie ist auch in einer kleinen Stadtwohnung möglich, weil ein Tibet Spaniel nicht sehr viel Auslauf braucht. Das glatte Seidenhaar verlangt keinen großen Pflegeaufwand.

Norwich und Norfolk Terrier

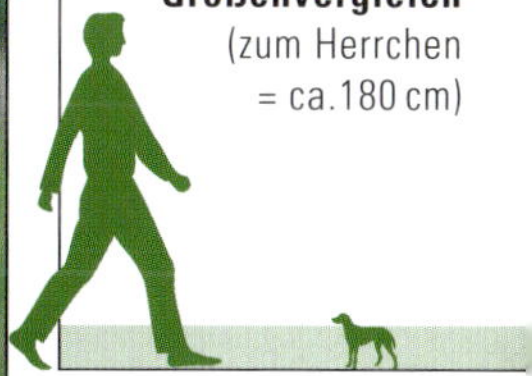

Größenvergleich
(zum Herrchen
= ca. 180 cm)

Schulterhöhe
25–26 cm

Gewicht
5–5,5 kg

Fellfarbe
Rot in allen Tönungen, weizenfarben, schwarz-lohfarben oder grau (grizzle).

Besonderheiten
Etwas anfällig für Zahnprobleme und Geburtsschwierigkeiten.
Geeignet für Anfänger.

Geschichte: Diese beiden kleinen Terrierrassen werden hier zusammen vorgestellt, nicht nur wegen der Namensähnlichkeit (Norfolk ist eine ostenglische Grafschaft und Norwich deren Hauptstadt), sondern auch wegen ihrer gemeinsamen Abstammung und ihres (fast) identischen Erscheinungsbildes und Charakters. Ihre Vorfahren wurden im 19. Jahrhundert in besagter Grafschaft erzüchtet und waren als tüchtige Rattenbeißer sowohl bei den Studenten in Cambridge als auch bei den Bauern sehr beliebt. Lange hat man beide Terrierformen nicht unterschieden, doch 1965 wurde der Norfolk als eigene Rasse vom Norwich abgetrennt. Einziges Unterscheidungsmerkmal: Der Norwich hat Stehohren, der Norfolk Hängeohren.

Eigenschaften: Diese kurzbeinigen, kompakten Terrier waren von Anfang an sehr menschenbezogen und geben deshalb hervorragende Familienhunde ab, die neuerdings offenbar immer populärer werden. Es sind aufgeweckte, lebhafte, fröhliche, verspielte und kinderfreundliche Kobolde, die sich durch Wesensfestigkeit und eine gesunde Konstitution auszeichnen. Sie reagieren mit Gebell auf jedes verdächtige Geräusch, sind aber keine Kläffer.

Haltung: Die anpassungsfähigen Terrier fühlen sich auch in einer kleinen Stadtwohnung wohl und brauchen nicht allzu viel Auslauf. Das harte, raue Haar sollte regelmäßig leicht getrimmt werden.

Foto: Norfolk Terrier

Lhasa Apso

Größenvergleich
(zum Herrchen
= ca.180 cm)

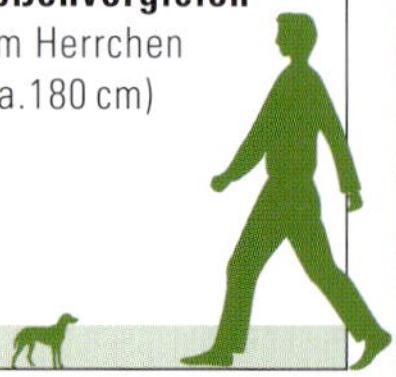

Schulterhöhe
25–26 cm,
Hündin etwas kleiner

Gewicht
Um 6 kg

Fellfarbe
Alle Farben zugelassen, auch zwei- und dreifarbig.

Besonderheiten
Keine rassetypischen Krankheiten bekannt, doch etwas anfällig für Hüftgelenkdysplasie und Nierenleiden. Geeignet für Anfänger.

Geschichte: Der Lhasa Apso stammt aus Tibet, wenn auch nicht unbedingt nur aus der im Namen enthaltenen Hauptstadt Lhasa; die Tibeter nennen ihn angeblich Apso Seng Kyi, was soviel wie »bellendes Löwenhündchen« bedeuten soll. Die sehr alte und traditionsreiche Zwerghundrasse macht diesem heimischen Namen alle Ehre: Der Kleine hat eine gewisse Ähnlichkeit mit einem Löwen, vor allem aber dessen unerschrockenen Mut, und er bellt sehr oft und lautstark. Er wurde deshalb in Tibet, insbesondere in Klöstern und Palästen, als zuverlässiger und unbestechlicher Wachhund gehalten. Die ersten Lhasa Apsos kamen erst um 1920 nach Europa, wo sie bald begeisterte Liebhaber fanden.

Eigenschaften: Der Lhasa Apso ist kein Schoßhündchen, sondern ein ehemaliger tüchtiger Gebrauchshund mit einer robusten Konstitution, einem wetterfesten, im tibetischen Bergland erprobten Haarkleid und einem furchtlosen, selbstbewussten Charakter. Fremden begegnet er mit gesundem Misstrauen, und mit Kindern kann er nicht viel anfangen. Andererseits ist er ein aufgeweckter, fröhlicher, lebhafter und anhänglicher Hausgenosse.

Haltung: Der Lhasa Apso fühlt sich auf dem Lande und in der Stadt gleichermaßen wohl, wenn er genügend Auslauf bekommt. Das lange, üppige und ziemlich harte, keinesfalls seidige Haar ist pflegeintensiv.

Jack Russell Terrier

Größenvergleich
(zum Herrchen
= ca.180 cm)

Schulterhöhe
Im Standard nicht vorgeschrieben, liegt bei 25–26 cm (Parson Jack Russell Terrier: 30–38 cm)

Gewicht
4–8 kg

Fellfarbe
Weiß oder weiß mit lohfarbenen, gelben oder schwarzen Abzeichen.

Besonderheiten
Keine rassetypischen Krankheiten bekannt. Geeignet für nicht ganz unerfahrene Anfänger.

Geschichte: Der Jack Russell Terrier hat, weil er angeblich nicht ganz einheitlich gezüchtet wurde, sehr lange auf seine offizielle Anerkennung warten müssen: Erst 2002 hat ihn die FCI als eigenständige Rasse akzeptiert. Er ähnelt sehr dem etwas größeren *Parson Jack Russell Terrier*, neuerdings kurz *Parson Russell Terrier* genannt, der zwar seltener vorkommt, aber schon länger den FCI-Rassestatus besitzt. Beide Terrier entstanden im 19. Jahrhundert und sind eine Züchtung ihres Namengebers, des Pfarrers (Parson) Jack Russell, der ein passionierter Jäger war und für die Fuchsjagd einen zähen, schneidigen Arbeitsterrier brauchte.

Eigenschaften: Die Terrier des Pfarrers Russell werden zwar noch immer jagdlich verwendet, sind aber als Familienhunde inzwischen fast zu Modehunden avanciert. Sie sehen nicht nur lustig und drollig aus, sondern haben auch ein einnehmendes fröhliches und freundliches Naturell und zeichnen sich durch Intelligenz, Selbstbewusstsein, Wachsamkeit und eine robuste Konstitution aus.

Haltung: Diese Terrier sind etwas für sportlich aktive Leute, die gern laufen, joggen, Rad fahren oder gar reiten (die Hunde haben eine besondere Affinität zu Pferden). Die Haltung ist auch in der Stadt möglich, sofern ausgelassenes Hundegebell nicht allzu sehr stört. Das Fell braucht kaum Pflege.

Skye Terrier

Größenvergleich
(zum Herrchen
= ca. 180 cm)

Schulterhöhe
25–26 cm,
Hündin etwas kleiner

Gewicht
Um 10 kg

Fellfarbe
Schwarz, hell- oder dunkelgrau, fuchsrot oder cremefarben; jegliche Dreifarbigkeit ist zugelassen.

Besonderheiten
Keine rassetypischen Krankheiten bekannt. Geeignet für nicht ganz unerfahrene Anfänger.

Geschichte: Dieser langhaarige kleine Terrier wirkt so vornehm und elegant, dass man kaum glauben möchte, dass er von der rauen schottischen Hebrideninsel Skye stammt, wo seine Vorfahren schon vor Jahrhunderten für die Jagd auf Füchse, Dachse, Wiesel und anderes kleines Raubwild verwendet wurden. Die heutige Rasse hat sich wahrscheinlich seit dem 17. Jahrhundert allmählich herausgebildet und erfreute sich im 19. Jahrhundert großer Beliebtheit in Königshäusern und sonstigen Palästen. Queen Victoria soll sie sogar höchstpersönlich gezüchtet haben.
Eigenschaften: Der Skye Terrier ist ein ungewöhnlicher Vierbeiner: Er ist viermal so lang (105 cm von der Nasen- bis zur Rutenspitze) wie hoch und kennt trotzdem keine Bandscheibenbeschwerden, was auf seine gesunde Konstitution schließen lässt. Dafür ist der Charakter des kleinen Schönlings umso komplizierter: Er gibt sich einerseits würdevoll, leicht snobistisch und distanziert gegenüber allem Fremden, andererseits ist er zu Hause ein liebevoller, ruhiger und bescheidener Familienhund, allerdings mit einer Tendenz zum Ein-Mann-Hund.
Haltung: Der Skye Terrier wünscht sich einen erfahrenen Halter, der mit seinen Eigenheiten gut zurechtkommt und viel Zeit auf die aufwändige Haarpflege verwenden kann.

Shih Tzu

Größenvergleich
(zum Herrchen
= ca.180 cm)

Schulterhöhe
Bis 27 cm

Gewicht
Bis ca. 8 kg

Fellfarbe
Alle Farben erlaubt.

Besonderheiten
Anfällig für Nierenerkrankungen, die tödlich verlaufen können. Geeignet für Anfänger, vor allem auch für ältere Personen.

Geschichte: Wie man auf den ersten Blick sieht, steht der Shih Tzu dem Lhasa Apso sehr nahe, ja er stammt angeblich direkt von dieser älteren Rasse ab, die schon Jahrhunderte vorher von buddhistischen Mönchen gezüchtet wurde. Im 17. Jahrhundert sollen dann am chinesischen Kaiserhof in Peking die ersten Shih Tzus aus der Verpaarung von Lhasa Apsos und Pekinesenvorläufern hervorgegangen sein. Einer anderen Lehrmeinung zufolge gab es den Shih Tzu bereits ein ganzes Jahrtausend früher, und zwar in Tibet. Ihre heutige Form erhielt die Rasse im 20. Jahrhundert in England, wo man eine strenge Zuchtauslese betrieb.
Eigenschaften: In ihrer Heimat wurden und werden die Shih Tzus als unbestechliche, lautfreudige Wachhunde gehalten, im Westen gelten sie ausschließlich als dekorative Luxushündchen. Sie lassen sich zwar gern verwöhnen, sind aber im Grunde recht robuste, temperamentvolle und selbstbewusste Hundezwerge, die gern spielen.
Haltung: Ein Shih Tzu fühlt sich fast überall wohl, auf dem Lande wie in der Großstadt, falls er genügend Streicheleinheiten bekommt und stets engen Kontakt zu seiner Bezugsperson halten kann. Sein Bewegungsdrang hält sich in Grenzen, und deshalb eignet er sich vorzüglich für ältere Menschen, die sich ständig um ihn kümmern können, insbesondere um die Fellpflege.

Dandie Dinmont Terrier

Größenvergleich
(zum Herrchen = ca. 180 cm)

Schulterhöhe
Sie ist nicht vorgeschrieben, beträgt aber 20–28 cm

Gewicht
8–11 kg

Fellfarbe
Pfefferfarben mit silberweißem oder senffarben mit cremeweißem Schopf.

Besonderheiten
Etwas anfällig für Bandscheibenprobleme.
Geeignet für Anfänger.

Geschichte: Entstanden ist dieser kleine Terrier aus der englisch-schottischen Grenzregion wohl schon im 17. Jahrhundert, doch seinen heutigen Namen erhielt er erst sehr viel später, nämlich nach dem Erscheinen von Sir Walter Scotts Bestsellerroman »Guy Mannering« (1815), in dem die der Rasse ähnlichen Hunde eines Landmanns namens Dandie Dinmont liebevoll beschrieben werden. Die ursprüngliche Aufgabe des Dandie Dinmont Terriers war die Jagd auf Füchse, Dachse, Marder, Ratten und Mäuse, aber der einstige Gebrauchshund hat sich längst zu einem beliebten Familienhund gewandelt.
Eigenschaften: Der Dandie Dinmont Terrier von heute ist kein schneidiger Jagdhund mehr, sondern ein menschenfreundlicher, anhänglicher und kinderlieber Hausgenosse, der außerdem einen guten Wachhund abgibt, ohne als Kläffer unangenehm aufzufallen. Wie der Dackel, mit dem er freilich nicht im geringsten verwandt ist, ist er wegen seines langen Rückens und der kurzen Läufe leider etwas anfällig für Bandscheibenbeschwerden.
Haltung: Wegen seiner bescheidenen Körpergröße eignet sich der Dandie Dinmont Terrier recht gut für ein Leben in der Großstadt, sofern er nicht zu viele Treppen steigen muss. Wenn er nicht sehr viel draußen umhertollen kann, sollte man ihn knapp füttern, damit er nicht zu dick wird. Das mittellange Haarkleid ist relativ pflegeleicht.

Kyi Leo

Größenvergleich
(zum Herrchen
= ca. 180 cm)

Schulterhöhe
23–28 cm

Gewicht
6–7 kg

Fellfarbe
Meist schwarz-weiß, doch alle anderen Farben und Farbkombinationen sind erlaubt.

Besonderheiten
Bisher noch keine rassetypischen Krankheiten bekannt. Geeignet für Anfänger. Da die Rasse noch nicht im VDH vertreten ist, sollten sich Interessenten an folgende Adresse wenden:
H. Manuel,
Schwarzer Weg 28,
29303 Lohheide.

Geschichte: Diese Neuzüchtung zählt zu den wenigen Rassen, deren Entstehung exakt dokumentiert ist. Begonnen hat alles in Kalifornien, in San Francisco, wo es in den 1950er-Jahren eher zufällig zu einer Verpaarung von Lhasa Apso und Malteser kam. Die Frucht dieser Verbindung fand so großen Anklang, dass man die Zucht gezielt weiter betrieb, um den neuen Zwerghundtyp zu stabilisieren und zu einer einheitlichen, erbfesten Rasse zu entwickeln. Als Entstehungsdatum der Rasse, die international noch auf ihre offizielle Anerkennung wartet, gilt das Jahr 1972, in dem Harriet Linn den heute verbindlichen Standard aufstellte.

Eigenschaften: Der hübsche, harmonisch gebaute kleine Vierbeiner hat in kurzer Zeit viele Freunde gewonnen, und seine Beliebtheit nimmt offensichtlich noch zu. Das liegt wohl vor allem daran, dass er bewusst als Wohnungshund gezüchtet wird und deshalb ausgesprochen großstadttauglich erscheint. Der Kyi Leo ist ein munteres, freundliches und liebenswertes Wuscheltier, sehr anhänglich und anschmiegsam, aber mit dem für Hundezwerge typischen Dickköpfchen. Mit Kindern versteht er sich recht gut.

Haltung: Der Kleine passt sich überall an und kann allenfalls durch seine ausgeprägte Lautfreude etwas unangenehm auffallen. Das üppige Haar muss öfter gebürstet werden, ist aber sonst pflegeleicht.

Dackel

Größenvergleich
(zum Herrchen
= ca. 180 cm)

Schulterhöhe
Sie ist im Standard nicht vorgeschrieben, liegt aber zwischen 20 und 30 cm. Maßgeblich ist der Brustumfang: Normalschlag mehr als 35 cm, Zwergdackel 30–35 cm, Kaninchendackel unter 30 cm

Gewicht
Normalschlag 6,5–7 kg (höchstens 9 kg), Zwergdackel bis 4 kg, Kaninchendackel bis 3,5 kg

Fellfarbe
Kurz- und Langhaardackel: einfarbig rot, rotgelb, gelb, auch mit schwarzer Stichelung; zweifarbig schwarz, braun, grau oder weiß, mit rostbraunen oder gelben Abzeichen. Beim Rauhaardackel sind alle Farben zugelassen.

Geschichte: Der Fachmann (und der Standard) nennt ihn Dachshund, der Waidmann Teckel und der normale Hundefreund Dackel. Er zählt seit langem zu den beliebtesten Rassen überhaupt, vor allem in seinem Ursprungsland Deutschland. Die Rasse hat allerdings internationale Wurzeln und kann auf eine sehr lange wechselvolle Vorgeschichte zurückblicken. Kurzläufige, langgestreckte Kleinhunde gab es bereits im alten Ägypten, wie Wandbilder in Grabdenkmälern aus dem 2. Jahrtausend v. Chr. bezeugen, und die alten Germanen kannten offenbar ebenfalls einen solchen Hundetyp, der wahrscheinlich schon früh für die Jagd verwendet wurde. Dank seiner durch Mutation entstandenen oder gezielt angezüchteten Kurzbeinigkeit eigneten sich die Dackelvorfahren, wie die modernen Rassedackel, ideal für die Stöberjagd in dichter Bodenvegetation und insbesondere dafür, Dachse und Füchse in ihrem Bau zu stellen und dem Jäger vor die Flinte zu treiben. Die heutigen Dackel bilden laut FCI eine einzige Rasse, obwohl die Rassemitglieder sich in Größe und Behaarung deutlich voneinander unterscheiden. Sie werden in drei Größen (Normal- oder Standard-, Zwerg- und Kaninchendackel) und in drei Haararten (Lang-, Kurz- und Rauhaar) gezüchtet. Diese beliebig kombinierbaren Varianten, die als Schläge bezeichnet werden, haben sich aus unterschiedlichen Ahnenreihen entwickelt, das heißt, man hat zur Erzielung und »Verfeinerung« der jeweiligen Merkmale immer wieder fremde Rassen eingekreuzt. Der Langhaardackel verdankt beispielsweise sein prächtiges Fell dem Deutschen Wachtelhund, im Kurzhaarschlag steckt das Blut von Zwergschnauzern und zwei Terrierrassen usw.

Eigenschaften: Dackel aus einer soliden Zucht – und nicht aus einer »Massenproduktion« – haben sich ihre Urwüchsigkeit, ihre Eigenwilligkeit und ihren Schneid noch weitgehend bewahrt. Sie sind ihrem angestammten Wesen nach keine Schmuse- und Spieltiere, sondern auf kurzen, aber nicht krummen Beinen stehende Hundepersönlichkeiten, die zugleich anschmiegsam und stur, freundlich und abweisend, schelmisch und draufgängerisch sein können. Ihr Eigensinn ist ebenso sprichwörtlich wie ihre häufig beklagte und nur mit viel Humor zu ertragende Unerziehbarkeit. Auf jeden Fall jedoch ist ein Dackel ein charmanter und origineller Hausgenosse, der viel Abwechslung in den Alltag des Hundeliebhabers bringt. Ein negativer Aspekt darf indes nicht verschwiegen werden: Nicht wenige Vertreter dieser Rasse leiden heutzutage an der so genannten Dackellähme, einer schweren Krankheit des Bewegungsapparats, die dem Bandscheibenleiden beim Menschen vergleichbar ist.

Haltung: Ein Dackel passt in fast jeden Haushalt mit humorbegabten Menschen, auch in eine Großstadtwohnung im vierten Stock, sofern ein Lift vorhanden ist. Treppensteigen ist nämlich Gift für Hunde mit langem Rücken und kurzen Beinen, auch wenn sie noch nicht an der vorgenannten Dackellähme leiden. Mit Kindern verträgt sich ein Dackel recht gut, doch er sollte tunlichst nicht mit ihnen allein gelassen werden, denn bei einem Dackel weiß man nie ... Einen gewissen Gehorsam kann man ihm mit viel Liebe und Konsequenz beibringen, doch im Ernstfall setzt er doch meist seinen Dickkopf durch.

Besonderheiten
Anfällig für Bandscheibenleiden (»Dackellähme«), Hautprobleme (besonders beim Kurzhaar), Harnsteine und Hornhauterkrankungen. Geeignet für Anfänger.

Foto links: Lang-, Rau- und Kurzhaardackel.

Vorhergehende Seite links: Langhaardackel, Normal- und Zwergschlag; rechts: Rauhaardackel, Normalschlag.

Scottish Terrier

Größenvergleich
(zum Herrchen
= ca. 180 cm)

Schulterhöhe
25–28 cm

Gewicht
8,6–10,4 kg

Fellfarbe
Schwarz, weizenfarben oder gestromt in jeder Farbe.

Besonderheiten
Anfällig für das »Scottie-Cramp-Problem« (epilepsieähnlicher Muskelkrampf) und Ekzeme. Geeignet für Anfänger.

Geschichte: Der Scottish Terrier – der oft benutzte Name Scotch Terrier ist nicht ganz korrekt, denn er bezieht sich auf einen älteren, inzwischen ausgestorbenen Terriertyp – ist einer von mehreren niederläufigen Terriern aus Schottland, die für die Baujagd auf Fuchs, Dachs und Otter und für die Schadtierbekämpfung verwendet wurden. Die Vorfahren des »Scottie« waren vermutlich auf den westschottischen Inseln daheim, wo sich ihr Ursprung im Dunkel der Geschichte verliert. Die Zucht der modernen Rasse begann um die Mitte des 19. Jahrhunderts in Aberdeen, weshalb sie zunächst als Aberdeen Terrier bezeichnet wurde.

Eigenschaften: Aus dem urwüchsigen, derben Gebrauchshund wurde schon bald ein beliebter Familienhund und in den 1930er-Jahren sogar ein Modehund. Mittlerweile ist der Bestand eher rückläufig, was sich positiv auf die gesamte Rasse ausgewirkt hat. Der Scottie ist ein angenehmer, würdevoller, intelligenter und sehr anhänglicher Hausgenosse, der Fremde nicht besonders mag, aber mit den Kindern der »eigenen« Familie gern ausdauernd spielt.

Haltung: Der Scottish Terrier gibt einen treuen und wachsamen Gefährten ab, muss aber von Anfang an konsequent erzogen werden, weil er zu einer gewissen Sturheit neigt. Mit seinen kurzen Beinen braucht er nicht sehr viel Auslauf. Das raue, dichte Haarkleid sollte regelmäßig getrimmt werden.

Papillon und Phalène

Größenvergleich
(zum Herrchen
= ca. 180 cm)

Schulterhöhe
Etwa 28 cm

Gewicht
2,5–5 kg

Fellfarbe
Auf weißer Grundfarbe sind alle Farben zulässig; zwei-, drei- oder selten einfarbig.

Besonderheiten
Etwas anfällig für Knochenbrüche. Geeignet für Anfänger.

Geschichte: Zwei Namen – eine Rasse, deren umständlicher Name Kontinentaler Zwergspaniel (Épagneul nain continental) in der Umgangssprache kaum verwendet wird. Der Papillon (französisch für Schmetterling) unterscheidet sich nur durch seine Stehohren vom Phalène (Nachtfalter), der Hängeohren besitzt. Beide Schläge gehen auf das Mittelalter zurück und erscheinen in der Renaissance häufig auf Gemälden großer Maler, durchweg als niedliche Attribute vornehmer Herrschaften. In der Französischen Revolution wurden die aristokratischen Hundezwerge beinahe ausgerottet, doch im 19. Jahrhundert durch französische und belgische Züchter »rekonstruiert«, deshalb wird als ihre Herkunft Frankreich/Belgien angegeben.
Eigenschaften: Der Papillon, auch Schmetterlingshündchen genannt, und der weniger bekannte Phalène sind trotz ihrer Zierlichkeit recht robuste und selbstbewusste Hausgenossen, die bei Gelegenheit sogar Jagd auf Mäuse, Ratten oder Kaninchen machen. Als Familienhunde sind sie fröhlich, lebhaft und anschmiegsam, außerdem zuverlässige Wachhunde.
Haltung: Die anpassungsfähigen und leicht erziehbaren Hündchen passen in fast jeden Haushalt, auch in eine Großstadtwohnung, wo man sie wegen ihres geringen Gewichts mühelos die Treppen hinunter tragen kann. Die Fellpflege erfordert keinen großen Aufwand.

Foto: Papillon

Havaneser

Schulterhöhe
Nicht vorgeschrieben, liegt aber bei etwa 28 cm

Gewicht
Im Standard mit maximal 6 kg festgelegt

Fellfarbe
Weiß, alle Brauntöne, grau, beige, mit oder ohne Flecken.

Besonderheiten
Keine rassetypischen Krankheiten bekannt. Geeignet für Anfänger.

Geschichte: Der international gebräuchliche Name »Bichon havanais« verrät, dass der Havaneser zur sehr alten, im Mittelmeerraum entstandenen Gruppe der Bichons (»Schoßhündchen«) gehört. Er hat zweifellos mediterrane Ahnen, doch erzüchtet wurde er auf Kuba mit der Hauptstadt Havanna, und zwar vorwiegend aus Bichons, die die spanischen Kolonialherren aus ihrer Heimat mitgebracht hatten. Der Havaneser avancierte schon bald zum Liebling der feinen Damen, aber nach der kubanischen Revolution unter Fidel Castro fiel er als Attribut der herrschenden Klasse in Ungnade und erlebte daraufhin in den USA eine Renaissance.
Eigenschaften: Heute ist der Havaneser in der ganzen Welt beliebt, wohl auch deshalb, weil es ihn, im Unterschied zu den nur weiß gezüchteten anderen Bichons, in vielen wunderschönen Farben gibt. Er ist aber auch reich an inneren Werten, denn er besitzt Charme, Intelligenz und Pfiffigkeit in hohem Maße und ist lebhaft, fröhlich verspielt und kinderfreundlich.
Haltung: Der Havaneser ist ein idealer Wohnungshund, zumal er nicht kläfft und wenig Auslauf braucht. Er passt gut zu alleinstehenden Senioren, doch lieber ist ihm eine ganze Familie, bei der er im Mittelpunkt stehen kann. Das üppige seidige Haarkleid muss oft gebürstet und gekämmt werden, denn es verfilzt sehr schnell zu unansehnlichen Matten.

West Highland White Terrier

Größenvergleich
(zum Herrchen
= ca. 180 cm)

Schulterhöhe
Etwa 28 cm

Gewicht
7–10 kg

Fellfarbe
Ausschließlich weiß.

Besonderheiten
Anfällig für Hautallergien, Patellaluxation, Löwenkiefer, Nabelbruch und Leistenbruch.
Geeignet für Anfänger.

Geschichte: Der Name ist fast länger als der Hund, weshalb er fast immer zu »Westie« abgekürzt wird. Der Westie ist ein Abkömmling niederläufiger und rauhaariger Rattenbeißer-Terrier, von denen es im schottischen Hochland mehrere Formen gab. Manche Experten halten ihn gar für einen direkten Nachkommen des Cairn Terriers, von dem er sich eigentlich nur durch sein weißes Fell unterscheidet. Tatsächlich fielen in Cairn-Terrier-Würfen hin und wieder weiße Welpen an, bis ein gewisser Major Malcolm im späten 19. Jahrhundert auf die Idee kam, die bis dahin als schwächlich angesehene weiße Spielart rein weiter zu züchten und 1904 als eigene Rasse zu präsentieren.
Eigenschaften: Die anfangs wenig beachteten Westies sind neuerdings zu Modehunden geworden, was eine Massenvermehrung mit entsprechenden negativen Folgen nach sich gezogen hat. Ein gesunder Westie ist ein robuster, lebhafter, selbstbewusster und unterhaltsamer Familienhund, der sich bei allem terriertypischen Unabhängigkeitsdrang eng an sein Herrchen oder Frauchen anschließt. Bei Fremden hält er dagegen auf Distanz.
Haltung: Voraussetzung für ein unkompliziertes Zusammenleben ist, dass man seinen Westie von einem soliden Züchter erwirbt. Er fühlt sich auch in der Stadt wohl, wenn er sich draußen genügend austoben kann. Das Fell sollte regelmäßig getrimmt werden.

Coton de Tuléar

Größenvergleich
(zum Herrchen
= ca. 180 cm)

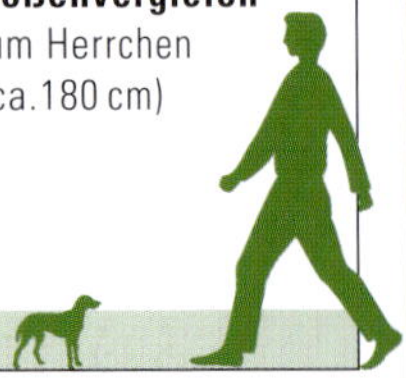

Schulterhöhe
Etwa 28–30 cm

Gewicht
Um 6 kg

Fellfarbe
Weiß; kleine zitronengelbe oder graue Flecken gestattet, besonders an den Ohren.

Besonderheiten
Keine rassetypischen Krankheiten bekannt. Geeignet für Anfänger.

Geschichte: Exotisch wie der Name ist auch die Rasse, als deren Ursprungsland Madagaskar angegeben wird. Auf dieser Insel, in der Gegend der Hafenstadt Tuléar an der Südostküste, soll sie entstanden sein. Der Legende zufolge ist dort vor Jahrhunderten ein Schiff untergegangen, doch die an Bord befindlichen Bichonhündchen konnten gerettet werden und begründeten die neue Rasse, deren typisches Merkmal das mit dem Namensteil Coton (französisch für Baumwolle) bezeichnete flauschige Haarkleid ist. Der Coton de Tuléar war lange Zeit ein exklusives Geschöpf und nur der französischen Oberschicht auf Madagaskar vorbehalten, aber inzwischen ist aus ihm ein weltweit beliebter Begleithund geworden.
Eigenschaften: So ein kleiner Coton de Tuléar ist nicht leicht zu bekommen, und man muss für den Winzling noch immer tief in die Tasche greifen. Doch er vergilt den ganzen Aufwand durch sein sanftmütiges, freundliches Wesen und seine große Anpassungsfähigkeit und Anhänglichkeit. Kinder mag er recht gern, und Fremden begegnet er eher mit Neugier als Argwohn.
Haltung: Sie ist in der Großstadt ebenso unproblematisch wie auf dem Lande. Der Coton de Tuléar ist ein ausgezeichneter Familienhund, fühlt sich aber auch bei alleinstehenden älteren Menschen wohl. Viel Auslauf braucht er nicht. Das baumwollweiche Fell muss allerdings täglich gebürstet werden.

Affenpinscher

Größenvergleich
(zum Herrchen
= ca. 180 cm)

Schulterhöhe
25–30 cm

Gewicht
Bis 4 kg

Fellfarbe
Möglichst rein schwarz, doch braune oder graue Schattierungen und Abzeichen sind erlaubt.

Besonderheiten
Etwas anfällig für Knochenbrüche. Geeignet für Anfänger.

Geschichte: Diese strupphaarige Rasse, deren Herkunftsland mit Deutschland angegeben wird, ist zweifellos sehr alt. Ihre Vorgeschichte liegt im Dunkeln, aber schon auf Bildern von Albrecht Dürer und Jan van Eyck sind kleine Hunde dieses Typs zu erkennen. Die unmittelbaren Vorstufen der heutigen Rasse scheinen sich im 16. und 17. Jahrhundert herausgebildet zu haben, weitgehend unabhängig von den anderen Pinscherrassen. Auch durch andere Merkmale hebt sie sich deutlich von der übrigen Pinschersippschaft ab. Ihren Namen verdankt sie dem unverwechselbaren affenähnlichen Gesicht.

Eigenschaften: Der einst beliebte und heute nur noch selten anzutreffende Affenpinscher ist intelligent, selbstbewusst, anhänglich und sehr wachsam, kann jedoch Fremden gegenüber zu einem aufbrausenden Giftzwerg werden. Er eignet sich für Leute, die sich einen langlebigen und vitalen Hausgenossen wünschen, bei dem innere Werte mehr zählen als äußere Schönheit.

Haltung: Der drollige Kleinhund passt in fast jede Wohnung, sofern die Wände nicht zu hellhörig sind, denn das ausdauernde Kläffen kann man dem aufmerksamen und leicht reizbaren Choleriker kaum austreiben. Doch ansonsten ist er ein liebevoller und angenehmer Hausgenosse. Das lange und dichte Rauhaar bedarf einiger Pflege, vor allem am Kopf, damit das typische »Affengesicht« erhalten bleibt.

Zwergpinscher

Größenvergleich
(zum Herrchen
= ca. 180 cm)

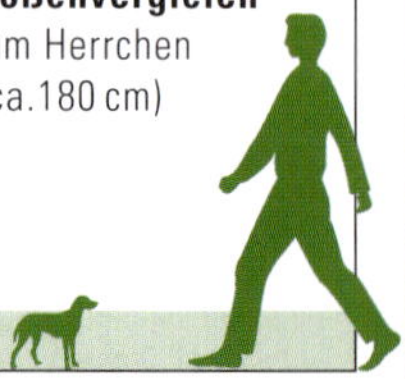

Schulterhöhe
25–30 cm

Gewicht
Um 4 kg

Fellfarbe
Zweifarbig schwarz-lohfarben oder einfarbig dunkelbraun bis fuchsrot (dieser Farbschlag wird häufig als Rehpinscher bezeichnet).

Besonderheiten
Anfällig für Patellaluxation und Knochenbrüche.
Geeignet für Anfänger.

Geschichte: Der Zwergpinscher ist zwar aus dem größeren Pinscher hervorgegangen, sieht aber eher wie ein stark verkleinerter Dobermann aus und wurde zeitweise sogar als Miniatur-Dobermann bezeichnet. Auf jeden Fall verkörpert er eine eigene Rasse, deren Ahnenreihe weit in die Vergangenheit zurückreicht, obwohl sie in ihrer modernen Ausprägung erst im 19. Jahrhundert entstanden ist. Die Zwergpinscher sind etwas aus der Mode gekommen, waren aber um 1900 regelrechte Salonhündchen und besondere Lieblinge der feinen Damen.

Eigenschaften: Der Zwergpinscher ist ein zierliches, feingliedriges Geschöpf mit einem zerbrechlich wirkenden Knochengerüst, doch er hat das Temperament, das Selbstbewusstsein und den Schneid seines größeren Vetters. Er folgt zwar nicht immer aufs Wort, ist aber seinem Herrchen oder Frauchen treu ergeben und kommt auch mit Kindern gut zurecht, jedenfalls besser als mit fremden Hunden, mit denen er sich gern anlegt.

Haltung: Der Zwergpinscher ist ein reizender Wohnungshund, der in das kleinste Appartement und auch zu alleinstehenden älteren Menschen passt, weil er sauber, pflegeleicht und fröhlich ist, andererseits aber nicht viel Auslauf benötigt. Als ungemein aufmerksamer Wachhund neigt er allerdings zum Kläffen, was oft als lästig empfunden wird.

Border Terrier

Schulterhöhe
Im Standard nicht festgelegt, in der Regel 25–30 cm

Gewicht
Rüde 5,9–7,1 kg, Hündin 5,1–6,4 kg

Fellfarbe
Rot, weizenfarben, grau oder blau mit lohfarbenen Abzeichen.

Besonderheiten
Keine rassetypischen Krankheiten bekannt. Geeignet für Anfänger.

Geschichte: Über die Ursprünge und die Entstehung dieser britischen Terrierrasse ist kaum etwas bekannt, doch immerhin kennen wir ihre Herkunftsregion, die Grenze (border) zwischen England und Schottland. Dort wurde der kleine, aber ungemein zähe und robuste Border Terrier nachweislich schon im 18. Jahrhundert dazu verwendet, Ratten und anderes Schadgetier zu bekämpfen und Füchse und Dachse aus dem Bau zu jagen. Dank seiner zunächst isolierten Verbreitung und seiner begrenzten Popularität hat er sein ursprüngliches Aussehen und Wesen bis heute weitgehend bewahrt.
Eigenschaften: Der Arbeitsterrier von einst hat sich als moderner, aber niemals modischer Begleithund durchaus bewährt, denn er ist ruhiger und sanfter als die meisten Terrier, kann aber, wenn er nicht vom Welpenalter an richtig erzogen worden ist, hin und wieder aus der Rolle des braven Familienhunds fallen. Dann geht sein Temperament mit ihm durch, oder er frönt ungehemmt seinem angeborenen starken Jagdtrieb.
Haltung: Auch Anfänger kommen mit dieser »unverdorbenen« Rasse gut zurecht. Selbst für ein Leben in der Stadt ist der Border Terrier wegen seines kleinen Formats recht gut geeignet, aber er wünscht sich viel Auslauf in der freien Natur. Das wetterfeste Fell mit hartem, dichtem Deckhaar und dichter Unterwolle ist einfach zu pflegen.

King Charles Spaniel

Größenvergleich
(zum Herrchen
= ca. 180 cm)

Schulterhöhe
Nicht vorgeschrieben, bis etwa 30 cm

Gewicht
3,6–6,3 kg

Fellfarbe
Schwarz mit roten Abzeichen; weiß mit lohfarbenen und schwarzen Abzeichen; weiß mit kastanienroten Abzeichen (Blenheim); einfarbig kastanienrot (Ruby).

Besonderheiten
Anfällig für Patellaluxation.
Geeignet für Anfänger, vor allem auch für ältere Personen.

Geschichte: Der King Charles Spaniel hat zwar eine unverkennbare Ähnlichkeit mit dem etwas größeren und langnasigen *Cavalier King Charles Spaniel*, ist aber nicht direkt mit ihm verwandt und stellt eine eigene Rasse dar. Während der »Cavalier« eine Neu- bzw. Rückzüchtung des 20. Jahrhunderts ist, lässt sich der einfache »King« mindestens bis ins 17. Jahrhundert zurückverfolgen. Beide Rassen haben jedoch gemeinsame Vorfahren in den kleinen Spanielformen des frühen Mittelalters. Die King Charles Spaniels wurden gezielt auf immer kleineres Format gezüchtet und dienten den vornehmen Damen als Schoßhündchen und Fußwärmer. Ihren Namen erhielten sie von König Charles II., der eine Vorliebe für diese Zwergspaniels hatte.
Eigenschaften: Der zierliche stupsnasige Hund fühlt sich auch heute noch auf dem Schoß seines Frauchens sehr wohl, und er braucht mehr Ansprache und Zuwendung als die allermeisten Artgenossen, doch er ist zugleich erstaunlich robust, munter und unternehmungslustig. Er schließt sich sehr eng an seine Bezugsperson an, die er durch sein fröhliches, aufgewecktes Naturell erfreut. Fremden gegenüber verhält er sich vornehm distanziert.
Haltung: Dies ist ein angenehmer Gefährte für ältere oder alleinstehende Hundefreunde auf dem Lande oder in der Stadt, die mit ihm nicht zu kleine Spaziergänge unternehmen. Die Fellpflege ist einfach.

Welsh Corgi

Größenvergleich
(zum Herrchen = ca. 180 cm)

Schulterhöhe
Cardigan idealerweise 30 cm, Pembroke 25–31 cm

Gewicht
Um 12 kg

Fellfarbe
Cardigan: alle Farben mit oder ohne weiße Flecken sind zugelassen.
Pembroke: rot, zobel, rehbraun, schwarz und lohfarben, mit oder ohne weiße Abzeichen.

Besonderheiten
Anfällig für Fresssucht.
Geeignet für Anfänger.

Geschichte: Unter dem Namen, der so viel wie »Walisischer Zwerghund« bedeutet, verbergen sich zwei sehr ähnliche Hundeformen, die erst seit 1934 als eigenständige Rassen anerkannt sind: der *Welsh Corgi Cardigan* mit mittellanger und der *Welsh Corgi Pembroke* mit sehr kurzer Rute. Die Ursprünge der beiden Rassen sind ungeklärt. Sie gehen jedoch sehr wahrscheinlich auf niederläufige Treibhunde des Mittelalters zurück und werden in ihrer Heimat bis heute als Viehtreiber verwendet: Die flinken, schneidigen Hunde bringen störrische Rinder oder Schafe auf Trab, indem sie sie blitzschnell in die Fesseln zwicken!

Eigenschaften: Dass die Corgis, speziell die Pembroke-Rasse, die Lieblingshunde des britischen Königshauses sind, ist allgemein bekannt und ein gewisser »Qualitätsbeweis«. Die stämmigen Hundezwerge mit der Figur – und dem Dickkopf – eines Dackels geben tatsächlich aufgeweckte, aktive, mutige und selbstbewusste Familienhunde ab, die obendrein wachsam, anhänglich und kinderfreundlich sind. Bei der Begegnung mit Fremden kann das gesunde Misstrauen manchmal in Bissigkeit umschlagen, beim Cardigan eher als beim sanfteren, ruhigeren Pembroke.

Haltung: Sie ist recht unkompliziert in Stadt und Land. Sehr viel Auslauf brauchen die kurzbeinigen Hunde nicht, wohl aber eine gute Erziehung.

Foto oben links: Welsh Corgi Cardigan; oben rechts: Welsh Corgi Pembroke

Französische Bulldogge

Größenvergleich
(zum Herrchen
= ca.180 cm)

Schulterhöhe
Im Standard nicht vorgeschrieben, liegt aber bei etwa 30 cm

Gewicht
8–14 kg

Fellfarbe
Entweder gestromt (rötlich mit oder ohne weiße Platten) oder scheckig (weiße Grundfarbe mit großen bis sehr großen gestromten Platten).

Besonderheiten
Anfällig für Atemprobleme, Hitzschlag, Augenverletzungen, Deck- und Geburtsschwierigkeiten. Geeignet für Anfänger, vor allem auch für ältere Personen.

Geschichte: Die Französische Bulldogge, offiziell Bouledogue français genannt, ist eine verhältnismäßig junge Rasse. Sie hat zwar, wie alle doggenartigen Hunde, uralte Vorgänger, wurde aber erst in der zweiten Hälfte des 19. Jahrhunderts gezielt gezüchtet. Über das »Ausgangsmaterial« der Rasse streiten sich die Experten bis heute, doch wahrscheinlich handelte es sich um kleinwüchsige oder schwache Bulldogs aus Großbritannien, die in die Normandie ausgewanderte englische Weber und Spitzenklöppler mitbrachten und in Frankreich weiter züchteten, wobei sie angeblich Terrier einkreuzten. In Paris stieg die kompakte kleine Bulldogge zum Lieblingshund der kleinen Leute auf.
Eigenschaften: Die Rasse hat viele gute Eigenschaften: Sie ist intelligent, freundlich, verschmust, sauber und leicht zu erziehen. Weil sie nur wenig bellt und sich mit kurzen Spaziergängen begnügt, gibt sie einen nahezu perfekten Wohnungshund ab. Andererseits darf nicht verschwiegen werden, dass wir es hier mit einem Problemhund zu tun haben, der häufig an Kurzatmigkeit leidet, unangnehm schnarcht, keine große Hitze verträgt und Schwierigkeiten hat, sich auf natürliche Weise fortzupflanzen.
Haltung: Sie ist überall möglich, auch und gerade in der Großstadt, sofern der kurzläufige und kurzatmige Hund nicht zu viele Treppen steigen muss. Er braucht unbedingt viel Zuwendung, doch sonst ist er sehr pflegeleicht.

Bichon frisé

Schulterhöhe
Nicht über 30 cm

Gewicht
Um 5 kg

Fellfarbe
Rein weiß.

Besonderheiten
Keine rassetypischen Krankheiten bekannt. Geeignet für Anfänger, vor allem auch für ältere Personen.

Geschichte: Der vollständige Name dieser international beliebten Zwerghundrasse, als deren Herkunftsregion Frankreich/Belgien angegeben wird, lautet Bichon à poil frisé (»Schoßhündchen mit gelocktem Fell«). Wie alle Bichons hat sie jedoch ihren eigentlichen Ursprung im Mittelmeerraum, wo solche kleinen Schmusehunde schon im Mittelalter bekannt waren und später, im 16. bis 18. Jahrhundert, zu besonderen Lieblingen der adligen Damenwelt aufstiegen, wie zahllose Bilddokumente bezeugen. Bichons waren in erster Linie maßlos verhätschelte Schoßhunde, dienten aber zuweilen auch als Bettwärmer und Heizkissenersatz einem praktischen Zweck.
Eigenschaften: Der Bichon frisé ist ein charmanter, stets munterer, fröhlicher und verspielter Hundezwerg, der trotz seiner Kleinheit stolz und würdevoll auftreten kann. Als ausgemachtes Sensibelchen mit zierlichem Körperbau lässt er sich gern verwöhnen, was er mit bedingungsloser Zuneigung und Anhänglichkeit vergilt. Ein weiterer Pluspunkt: Bichons sind recht zuverlässige Wachhunde, aber keine Kläffer.
Haltung: Für einen Bichon frisé lässt sich in jeder Wohnung ein Plätzchen finden. Oft braucht er nicht einmal ein Hundekörbchen, weil er am liebsten in Frauchens Bett schläft. Aufwändig ist allein die Pflege des aparten seidigen Fells, das sich aus korkenzieherförmig gedrehten Haaren zusammensetzt.

Cairn Terrier

Größenvergleich
(zum Herrchen
= ca.180 cm)

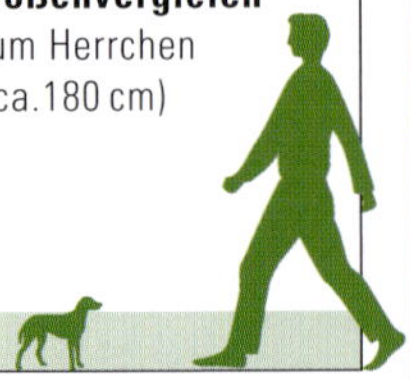

Schulterhöhe
28–31 cm

Gewicht
Ideal sind 6–7,5 kg

Fellfarbe
Creme, weizenfarben, rot, grau oder fast schwarz oder gestromt in all diesen Farben.

Besonderheiten
Anfällig für Patella-luxation, Löwenkiefer und Perthes-Krankheit. Geeignet für Anfänger.

Geschichte: Dieser kompakte, niederläufige Terrier gilt als die älteste schottische Terrierrasse und entstand als Grundtypus wahrscheinlich schon im Mittelalter. Um 1600 wird er erstmals urkundlich erwähnt, aber erst 1909 offiziell anerkannt. Seinen Namen hat er von dem gälischen Begriff »cairn« (sprich: kähn), wie die Steinhügel im Schottischen Hochland heißen. In dieser wilden Gegend machte er früher Jagd auf Füchse und anderes Raubzeug.

Eigenschaften: Ein munterer und mutiger Draufgänger ist der Cairn Terrier bis heute geblieben, aber in seiner Karriere als Familienhund sind inzwischen seine anderen guten Wesenszüge noch stärker hervorgetreten: Gutmütigkeit, Fröhlichkeit, Intelligenz und Anhänglichkeit. Er lässt sich leicht erziehen und sogar bis zur Zirkusreife abrichten. Dabei hat er sich äußerlich und innerlich seine herkunftsbedingte Urtümlichkeit bewahrt, weil er nie übermäßig populär war und deshalb von modischen »Modernisierungsversuchen« verschont geblieben ist.

Haltung: Da dieser drollige Terrier sehr anspruchslos ist, nur selten bellt und wenig Platz braucht, kommt er auch für die kleine Stadtwohnung in Frage, sofern man ihm genügend Auslauf bieten kann. Mit Kindern verträgt er sich recht gut. Das raue doppellagige Fell ist relativ pflegeleicht, sollte jedoch regelmäßig getrimmt werden.

Mops

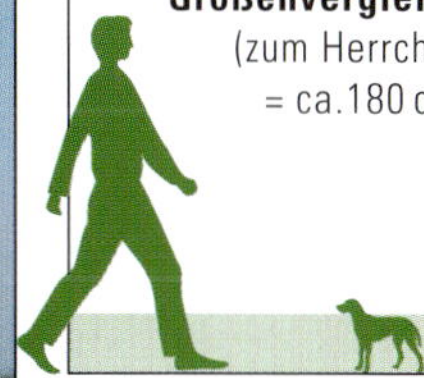

Größenvergleich
(zum Herrchen = ca. 180 cm)

Schulterhöhe
Sie ist nicht vorgeschrieben, liegt aber im Schnitt bei 25–32 cm.

Gewicht
6,3–8,2 kg

Fellfarbe
Silber, apricot, lohfarben oder schwarz, jeweils mit schwarzer Maske und schwarzem Aalstrich.

Besonderheiten
Anfällig für Augenverletzungen, Patellaluxation, Hautleiden, Epilepsie und Übergewicht.
Geeignet für Anfänger, vor allem auch für ältere Personen.

Geschichte: Dem Mops, der so treudeutsch bieder wirkt, sieht man es kaum an, dass er ursprünglich aus China stammt, wo seine Vorfahren angeblich schon vor 2400 Jahren aus größeren molossoiden Doggen herausgezüchtet worden sind. Im 17. Jahrhundert gelangte er auf den fernöstlichen Handelswegen nach Holland, dann nach England und schließlich nach ganz Europa und in die ganze Welt. Jahrhundertelang war dieser stämmige Kleinhund der überfütterte und leicht apathische Liebling älterer Damen, dann geriet er als Karikatur eines Hundes in Verruf, doch heute scheint er wieder im Kommen zu sein, weil man seine wirklichen Qualitäten erkannt hat.

Eigenschaften: Der Mops mit seinem oft bespöttelten flachen, kummervoll zerknautschten Gesicht und seiner lustigen Ringelrute ist im Grunde ein recht robuster, liebenswerter, kluger und »mopsfideler« Bursche, der bei vernünftiger Haltung und sparsamer Fütterung seine originelle untersetzte Figur behält. Dass er etwas eigensinnig und eifersüchtig sein kann und zuweilen lautstark schnauft und schnarcht, gehört zum gewöhnungsbedürftigen Charme dieses vierbeinigen Originals.

Haltung: Der Mops passt sich überall an, auf dem Lande wie in der Großstadt. Er braucht nicht allzu viel Auslauf, doch reichlich Bewegung kommt seiner Gesundheit zugute. Erziehung und Körperpflege machen kaum Mühe.

Cavalier King Charles Spaniel

Größenvergleich
(zum Herrchen
= ca. 180 cm)

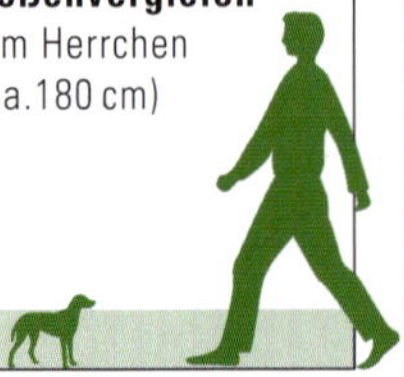

Schulterhöhe
Nicht vorgeschrieben, liegt bei 30–35 cm

Gewicht
4,5–8,2 kg

Fellfarbe
4 Farbschläge: schwarz mit lohfarbenen Abzeichen; einfarbig leuchtend rot (Ruby); perlweiß mit kastanienroten Abzeichen (Blenheim); dreifarbig schwarz und weiß mit lohfarbenen Abzeichen (Tricolor).

Besonderheiten
Anfällig für Herzkrankheiten, Patellaluxation und Augenerkrankungen. Geeignet für Anfänger.

Foto: Blenheim

Geschichte: Niedliche »Spielzeugspaniels« (Toy spaniels) tauchen auf Gemälden von Rubens, van Dyck, Watteau, Boucher usw. immer wieder auf, aber der Cavalier King Charles Spaniel wurde erst in den 1920er-Jahren erzüchtet, und zwar dank einer Prämie, die der Amerikaner Roswell Eldridge auf die Schaffung eines langnasigen Zwergspaniels, wie er auf Porträts von König Charles II. zu sehen ist, ausgesetzt hatte. Um die Neuzüchtung oder vielmehr Rückzüchtung von ihren Vorfahren, den alten kurznasigen King Charles Spaniels, zu unterscheiden, erhielt der Rassenamen den Zusatz »Cavalier«. Die alt-neue Rasse wurde erst 1945 anerkannt und erfreut sich seitdem wachsender Beliebtheit.

Eigenschaften: Der kleine Spaniel ist zwar leider etwas krankheitsanfällig, aber ansonsten ein Ausbund guter Eigenschaften: lebhaft, fröhlich, verspielt, anhänglich und kinderlieb. Dieser »Wirbelwind auf vier Pfoten« gibt seine Lebensfreude zuweilen durch lautes Gebell kund, benimmt sich jedoch im Übrigen sehr manierlich.

Haltung: Wenn man einen Hund aus einer gesunden Zucht erworben hat, gibt es kaum Probleme mit diesem liebenswürdigen Hausgenossen, der sich auch in einer Großstadtwohnung sehr wohl fühlt. Auslauf braucht er natürlich schon, doch ihm genügt ein Spaziergang durch den Stadtpark.

Zwerg- und Toypudel

Größenvergleich
(zum Herrchen
= ca.180 cm)

Schulterhöhe
Zwergpudel 28–35 cm, Toypudel unter 28 cm (ideal sind 25 cm)

Gewicht
Zwergpudel um 6 kg, Toypudel bis 5 kg

Fellfarbe
Schwarz, weiß, braun, silber oder apricot.

Besonderheiten
Anfällig für Gelenkprobleme, Netzhautatrophie, Star, Hautleiden und Epilepsie. Geeignet für Anfänger, vor allem auch für ältere Personen.

Geschichte: Alle Pudel, deren Name sich von Pfudel (Pfuhl oder Pfütze) herleitet und auf die Wasserpassion dieser Hunde verweist, bilden laut FCI eine einzige Rasse, bestehend aus vier Größenschlägen: Groß- und Klein- oder Mittelpudel (s. S. 70) sowie Zwerg- und Toypudel. Der Zwergschlag ist offenkundig schon früh aus dem Mittelformat herausgezüchtet worden, wie Beschreibungen aus der Zeit Ludwigs XIV. bezeugen, die sich auf zierliche Luxushündchen vom Pudeltyp beziehen. Diese Zwerge und ihre modernen Nachfahren taugten wohl nie als Gebrauchshunde wie ihre größeren Rassegenossen. Das gilt mit Sicherheit für den Toypudel (»Spielzeugpudel«), einen Neuzugang der Pudelrasse, den echte Hundefreunde als fragwürdiges Produkt züchterischer Miniaturisierungssucht ansehen.
Eigenschaften: Grundsätzlich besitzen die kleinen Pudelschläge gleiche oder ähnliche gute Eigenschaften wie ihre großen Vettern. Sie sind natürlich noch anhänglicher, anschmiegsamer und liebebedürftiger als die großen, leider freilich auch etwas krankheitsanfälliger und nervenschwächer.
Haltung: Einen so kleinen Pudel kann man überall halten. Er braucht wenig Platz und auch vergleichsweise wenig Auslauf. Andererseits sollten die Kleinen nicht allzu sehr verhätschelt werden. Die Fellpflege und die Schur sind ein Kapitel für sich.

Foto links: Klein-, Zwerg- und Toypudel; rechts: Zwergpudel

Mittel- und Kleinspitz

Größenvergleich
(zum Herrchen
= ca. 180 cm)

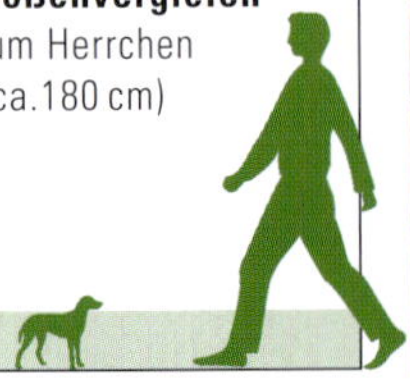

Schulterhöhe
Mittelspitz um 34 cm,
Kleinspitz um 26 cm

Gewicht
Mittelspitz um 10 kg,
Kleinspitz um 6 kg

Fellfarbe
Schwarz, braun, weiß, orange, wolfsgrau.

Besonderheiten
Keine rassetypischen Krankheiten bekannt. Geeignet für Anfänger.

Geschichte: Für die FCI und andere internationale Dachverbände sind diese beiden Spitze nur Größenschläge der Rasse Deutscher Spitz. Tatsächlich unterscheiden sie sich im Grunde lediglich durch eine um wenige Zentimeter voneinander abweichende Schulterhöhe. Alle Spitze zählen zweifellos zu den ältesten Haushunden überhaupt, denn sie existierten als so genannte Torfhunde oder Pfahlbauspitze schon in der Steinzeit. Später lässt sich dieser urtümliche Hundetyp im alten Ägypten, Griechenland und Rom nachweisen. In unseren Breiten wurden Spitze jahrhundertelang als zuverlässige Wachhunde gehalten, aber die moderne Rasse entstand erst im 19. Jahrhundert.
Eigenschaften: Spitze sind anpassungsfähige, aufgeweckte und hoch intelligente Hausgenossen und zugleich wahre Temperamentsbündel, was sowohl ihren Bewegungsdrang als auch ihre Bellfreudigkeit betrifft. Sie schließen sich eng an ihre Familie an und verstehen sich auch sehr gut mit den Kindern des Hauses, bleiben aber Fremden gegenüber stets reserviert und misstrauisch.
Haltung: Klein- und Mittelspitze geben fast ideale Wohnungshunde ab, auch in der Stadt, sofern es gelingt, ihnen das Kläffen abzugewöhnen. Wenn sie genügend Auslauf haben, bleiben sie lange gesund und werden älter als viele hoch gezüchtete Rassen. Das lange Haar bleibt erstaunlich sauber, muss aber regelmäßig gebürstet werden.

Italienisches Windspiel

Schulterhöhe
32–38 cm

Gewicht
Bis 5 kg

Fellfarbe
Schwarz, schiefergrau oder isabellfarben in allen Schattierungen; Weiß an Brust und Pfoten erlaubt.

Besonderheiten
Etwas anfällig für Knochenbrüche, Erkältungskrankheiten und Patellaluxation. Geeignet für Anfänger.

Geschichte: Als Windspiel (altes Synonym von Windhund) wird heute nur noch diese Rasse mit dem Ursprungsland Italien bezeichnet. Sie verkörpert eine der ältesten Haushundrassen überhaupt und war schon im alten Ägypten, später dann im antiken Griechenland und Rom in besseren Kreisen sehr beliebt. Vom Mittelalter bis zur Neuzeit blieben die graziösen Hündchen die Favoriten der Fürsten und Könige. Berühmt geworden sind die vielen Wind spiele, die Friedrich der Große selbst züchtete und wie Geliebte um sich scharte. Die ursprünglichen Windspiele waren größer und kräftiger als ihre modernen Nachfahren, die bis ins 20. Jahrhundert hinein immer kleiner und zierlicher gezüchtet wurden. Dann trat eine Wende zur Vernunft ein, und heute hat die Rasse wieder gesunde Körpermaße.

Eigenschaften: Das Windspiel wurde zwar früher auch als Hetzhund jagdlich verwendet, war und ist aber in erster Linie ein eleganter, nobler Luxushund mit einem sanften, anschmiegsamen und liebevollen Charakter. Er gibt einen sehr angenehmen Hausgenossen ab, der nicht schmutzt und kaum haart, doch als Wachhund oder Kinderfreund taugt er wenig.

Haltung: Das Windspiel ist ein idealer Wohnungshund, der allerdings viel Bewegung braucht, damit seine Muskulatur nicht verkümmert. Er ist leicht erziehbar und will es seinem Herrchen oder Frauchen immer recht machen.

Sheltie

Größenvergleich
(zum Herrchen
= ca.180 cm)

Schulterhöhe
Ideal beim Rüden 37 cm, bei der Hündin 35,5 cm

Gewicht
6–7 kg

Fellfarbe
Sandfarben; dreifarbig weiß, schwarz und loh; schwarz und weiß; schwarz und loh; blaumerle.

Besonderheiten
Keine rassetypischen Krankheiten bekannt. Geeignet für Anfänger.

Geschichte: Der Sheltie, wie der Shetland Sheepdog meist kurz genannt wird, verdankt seinen Namen den Shetland-Inseln im Norden Schottlands. Er sieht zwar aus wie eine exakte Verkleinerung des Collies, stammt aber wohl nicht unmittelbar von diesem ab. Seine eigentlichen Vorfahren sollen langhaarige nordische Hütehunde gewesen sein, die die ersten Besiedler der Shetlands mitgebracht haben und die später durch die Einkreuzung von Collies (und anderen Rassen) verfeinert wurden. Der heutige Rassetyp entstand im 18. Jahrhundert.

Eigenschaften: Dem heutigen Sheltie sieht man seine lange Hütehundvergangenheit kaum noch an, so apart und luxuriös wirkt er mit seiner zierlichen Gestalt und seinem üppigen bunten Haarkleid. Er ist jedoch ein robuster, zäher und lebhafter kleiner Vierbeiner geblieben, der das Zusammenleben mit Zweibeinern aller Altersstufen liebt. Er ist freundlich und klug, sensibel und wachsam, lernwillig und anhänglich. Fremden gegenüber verhält er sich abwartend oder gar abweisend, wird aber nie aggressiv.

Haltung: Wer aus Platzgründen sich und seinen Kindern keinen richtigen »Lassie« gönnen kann, sollte sich getrost für einen Sheltie entscheiden, der sich auch in einer Stadtwohnung wohl fühlt, wenn man fleißig mit ihm ausgeht. Das Fell muss mindestens einmal wöchentlich gebürstet werden.

Basset Hound

Größenvergleich
(zum Herrchen = ca. 180 cm)

Schulterhöhe
33–38 cm

Gewicht
Um 23 kg

Fellfarbe
Gewöhnlich dreifarbig (schwarz, weiß und rot) oder zweifarbig (zitronengelb und weiß), doch alle »Hound-Farben« sind zugelassen.

Besonderheiten
Anfällig für Wirbelsäulenleiden, Ektropium, Ohrenbeschwerden und Übergewicht. Geeignet für Anfänger.

Geschichte: Der Hund wird zwar meist kurz Basset genannt, aber der Zusatz Hound ist wichtig, um diese britische Rasse von den anderen, in Frankreich beheimateten Bassets zu unterscheiden, die bei uns weniger bekannt sind und vorwiegend für die Jagd verwendet werden. Der Basset Hound stammt tatsächlich von seinen älteren französischen Verwandten ab und wurde ab etwa 1870 in England erzüchtet. Hier erhielt er auch durch Einkreuzung von Bloodhounds deren schweren, massigen Kopf.

Eigenschaften: Der Basset Hound ist ein Problemhund, was man seinem eigenwilligen Körperbau mit dem lang gestreckten Rumpf, den sehr tief angesetzten riesigen Hängeohren und den extrem verkürzten Stummelbeinen unschwer ansieht. Dennoch hat er viele Liebhaber, die sein gutmütiges, friedfertiges und kinderfreundliches Wesen zu schätzen wissen. Seiner Familie ist der leicht phlegmatisch wirkende Hund treu ergeben, auch wenn er sich zuweilen stur stellt und nicht gerade aufs Wort folgt.

Haltung: Solange der Basset Hound gesund bleibt, ist er ein angenehmer und unkomplizierter Hausgenosse, dessen kurzes Fell kaum Pflege braucht. Er fühlt sich auch in der Stadt wohl, sofern er genügend Auslauf bekommt und nicht ständig viele Treppen steigen muss. Positiv zu vermerken ist seine geringe Neigung zum Bellen, doch wenn er bellt, dann durchdringend.

Welsh Terrier

Größenvergleich
(zum Herrchen
= ca. 180 cm)

Schulterhöhe
Bis 39 cm

Gewicht
9–9,5 kg

Fellfarbe
Vorzugsweise schwarz und lohfarben, aber auch schwarzgrau und lohfarben, ohne schwarze Abzeichen auf den Pfoten.

Besonderheiten
Keine rassetypischen Krankheiten bekannt. Geeignet für Anfänger.

Geschichte: Den »Walisischen Terrier« könnte man auf den ersten Blick für den jüngeren kleinen Bruder des Airedale Terriers halten, doch in Wahrheit ist er überhaupt nicht näher mit ihm verwandt. Er repräsentiert sogar die ältere der beiden Rassen, denn er wurde schon im 18. Jahrhundert im Norden von Wales aus einem altenglischen rauhaarigen Jagdterrier herausgezüchtet, der inzwischen längst ausgestorben ist. Ursprünglich, in seiner Heimat bis in die Gegenwart, verwendet man ihn für die Jagd auf Füchse, Dachse, Marder und Ratten.

Eigenschaften: Der Welsh Terrier gehört einer robusten, weitgehend unverfälschten Rasse an und stand lange zu Unrecht im Schatten des populäreren Foxterriers. Mittlerweile weiß man seine Qualitäten besser zu schätzen. Er ist aktiv, mutig, fröhlich, sensibel und klug, dabei weniger streitlustig und hitzköpfig als die meisten Terrier. Seiner Familie ist er treu ergeben und im Umgang mit Kindern recht geduldig. Bei fremden Zwei- und Vierbeinern hält er ohne Aggressivität auf Distanz.

Haltung: Der anpassungsfähige und leicht erziehbare Welsh Terrier kann problemlos auch in einer Stadtwohnung gehalten werden, wo er als Wachhund gute Dienste leistet, ohne durch Kläffen zu stören. Er braucht allerdings viel Bewegung und Beschäftigung im Freien. Das Fell wird regelmäßig getrimmt.

Beagle

Schulterhöhe
33–44 cm

Gewicht:
Etwa 15–18 kg

Fellfarbe
Zwei- oder dreifarbig (lohfarben/rot und weiß oder weiß, schwarz und lohfarben), Rutenspitze stets weiß.

Besonderheiten
Keine rassetypischen Krankheiten bekannt, doch etwas anfällig für Übergewicht. Geeignet für Anfänger.

Geschichte: Hunde vom Beagle-Typ gibt es mindestens seit dem 14. Jahrhundert. Früher begleiteten sie die englischen Jäger, die zu Fuß Hasen und Kaninchen nachstellten, und in neuerer Zeit werden sie gern für die Fuchs- oder Schleppjagd zu Pferde verwendet. Die heutige Rasse mit ihrem festgelegten Standard entstand allerdings erst im 20. Jahrhundert.

Eigenschaften: Der Beagle ist von Hause aus ein typischer Meutehund, und als solcher verträgt er sich bestens mit seinesgleichen, aber auch mit allen anderen Hunden und mit allen Menschen guten Willens. Bei ausreichendem »Familienanschluss« vermisst er seine Meutegenossen nicht mehr und fügt sich selbstverständlich in seine menschliche Umgebung ein. Beagles sind stets freundlich und fröhlich, verspielt und temperamentvoll, ausdauernd und wetterfest. Nur mit dem Gehorchen gibt es manchmal Probleme, denn wenn ein Beagle mit seiner feinen Jagdhundnase eine interessante Duftspur aufgenommen hat, ist er kaum noch zu halten. Er rennt auf und davon, weil Laufen und Jagen nun mal sein Lebenselixier sind. Das aber kann gefährlich werden, denn Hundefänger, die für Versuchslabors unterwegs sind, haben eine besondere Vorliebe für die sanften, arglosen Beagles.

Haltung: Der Beagle ist ausgesprochen pflegeleicht und passt in fast jeden Haushalt. Kinder und Artgenossen sind ihm willkommen.

Foxterrier

Größenvergleich
(zum Herrchen = ca. 180 cm)

Schulterhöhe
Rüde höchstens 39,4 cm, Hündin etwas kleiner

Gewicht
7–8 kg

Fellfarbe
Überwiegend weiß, mit schwarzen und/oder lohfarbenen Abzeichen.

Besonderheiten
Anfällig für Hautkrankheiten und Augenbeschwerden.
Geeignet für nicht ganz unerfahrene Anfänger.

Foto links: Drahthaar-Foxterrier; rechts: Glatthaar-Foxterrier

Geschichte: Mit Foxterrier bezeichnen wir gemeinhin den allbekannten Drahthaar-Foxterrier (englisch: Fox Terrier Wire), der eine eigene Rasse repräsentiert. Die wenigsten wissen, dass es daneben einen sehr ähnlichen, aber viel selteneren Glatthaar-Foxterrier (Fox Terrier Smooth) gibt, der ebenfalls Rassestatus besitzt, obwohl er sich vom »Foxl« eigentlich nur durch die Behaarung unterscheidet. Die Foxterrier verkörpern einen recht alten Terrier- oder Erdhundtyp, der wohl schon seit dem Mittelalter für die Fuchsjagd »unter der Erde« (lat. »terra« = Erde) verwendet wurde. Die Rasse, wie wir sie heute kennen, entwickelte sich im 19. Jahrhundert.
Eigenschaften: Der Foxterrier, der lange Zeit ein Modehund war und auch heute zu Recht noch sehr beliebt ist, zeichnet sich einerseits durch sein schneidiges, hitziges Temperament und andererseits durch seine Klugheit, Fröhlichkeit und Anhänglichkeit aus. Nicht verschwiegen sei, dass er gern mit fremden Hunden rauft und dass der Anblick einer Katze oder der Duft einer Wildfährte seinen angestammten Jagdtrieb auslösen kann.
Haltung: Sie ist fast überall unproblematisch, wenn dafür gesorgt ist, dass sich der Foxterrier draußen austoben kann (leider muss man ihn wegen seiner Jagdleidenschaft meist an der Leine führen). Mit Kindern versteht er sich gut. Das dichte, harte Haarkleid sollte zweimal im Jahr getrimmt werden.

Englische Bulldogge

Geschichte: Wer Bulldogge sagt, meint diese Rasse, deren international verbindlicher Name English Bulldog lautet. Schon im Mittelalter gab es solche »Bullenhunde«, deren Aufgabe es war, sich in der Nase eines angebundenen Bullen zu verbeißen und ihn so zu Boden zu zerren. Die Volksbelustigung des Bullenbeißens wurde erst 1835 abgeschafft. Die zähen, unerschrockenen und wendigen Bulldoggen drohten daraufhin auszusterben, erstanden aber schon im 19. Jahrhundert in sanfterer und weniger robuster Form neu.

Eigenschaften: Aus dem reaktionsschnellen Muskelpaket von damals ist ein freundlicher, bedächtiger Wohnungshund geworden, der sich oft nur noch mühsam und schwer ächzend fortbewegen kann. Tiere aus einer gesunden Zucht leiden dagegen kaum an Atembeschwerden und sind muntere, fröhliche, kinderliebe und anhängliche Hausgenossen. Dass die Bulldogge dazu neigt, lautstark zu schnarchen, zu sabbern und unter Hitze zu leiden, sei ihr verziehen angesichts ihrer historischen Bedeutung als Nationalhund Großbritanniens und als Symbolfigur der Satirezeitschrift »Simplicissimus«.

Haltung: Die Bulldogge ist ein anpassungsfähiger und liebenswerter Begleithund für Land- und Stadtbewohner. Probleme mit fremden Menschen und Hunden gibt es kaum. Sie begnügt sich mit gemächlichen Spaziergängen und braucht kaum Fellpflege.

Schulterhöhe
Nicht vorgeschrieben, im Schnitt aber etwa 40 cm

Gewicht
Rüde 25 kg, Hündin etwas leichter

Fellfarbe
Alle Farben außer Schwarz, Schwarz-Lohfarbe und Leberfarbe sind zugelassen.

Besonderheiten
Anfällig für Atembeschwerden, Hautreizungen, Gelenkerkrankungen, Herzkrankheiten, Ektropium und Entropium.
Geeignet für Anfänger.

Tibet Terrier

Größenvergleich
(zum Herrchen
= ca.180 cm)

Schulterhöhe
Rüde 35,5 –40,5 cm, Hündin etwas kleiner

Gewicht
Etwa 8–14 kg

Fellfarbe
Meist weiß, gold, creme oder grau; zwei- oder dreifarbig; eigentlich sind alle Farben zugelassen, außer Schokoladen- und Leberfarbe.

Besonderheiten
Etwas anfällig für Hüftgelenkdysplasie und Augenerkrankungen.
Geeignet für Anfänger.

Geschichte: Die ersten Tibetreisenden, die der Rasse ihren bis heute gültigen Namen gegeben haben, haben sich geirrt: Der Tibet Terrier ist ein echter Hütehund und kein Terrier. Er hütete vermutlich bereits vor 2000 Jahren das Vieh der Hirtennomaden auf dem tibetischen Hochplateau, wo ihm seine Wendigkeit, seine Sprung- und Klettergewandtheit sehr zustatten kamen. Die Reinzucht der Rasse begründete um 1930 die englische Ärztin Dr. Agnes Greig, die einen Tibet Terrier zum Geschenk erhielt, nachdem sie eine vornehme Tibeterin mit Erfolg operiert hatte.

Eigenschaften: Der Tibet Terrier mit seiner großen Gebrauchshundvergangenheit, der über sehr viele Generationen in einer kargen Umwelt sorgfältig gezüchtet worden ist, repräsentiert eine gesunde, schier unverwüstliche Rasse. Es ist erstaunlich, dass ein solcher primitiver Hund inzwischen einen sympathischen, freundlichen und gutmütigen Hausgenossen abgibt. Er ist fröhlich und verspielt, intelligent und lernwillig, anhänglich und kinderlieb, zurückhaltend gegenüber Fremden, aber niemals aggressiv oder streitsüchtig. Zudem erweist er sich als aufmerksamer, zuverlässiger Wachhund.

Haltung: Der anpassungsfähige Tibet Terrier fühlt sich überall wohl. Enger Familienkontakt ist ihm wichtiger als die jeweiligen Wohnverhältnisse. Das zottige Fell sollte täglich gebürstet werden.

Englischer Cocker Spaniel

Größenvergleich
(zum Herrchen
= ca. 180 cm)

Schulterhöhe
Rüde 39–41 cm,
Hündin 38–39 cm

Gewicht
12–14 kg

Fellfarbe
Viele Farben zugelassen, meist schwarz, rot, schwarz-weiß und dreifarbig.

Besonderheiten
Anfällig für Ohrenleiden, Grauen Star, Netzhautatrophie, Nierenerkrankungen und Cockerwut (Anfälle von Aggressivität und Bissigkeit – nur bei roten Hunden) Geeignet für Anfänger.

Geschichte: Bei dem Namen denkt wohl jeder sofort an den allbekannten Englischen Cocker Spaniel, um den es hier geht. (Es gibt auch einen sehr ähnlichen, allerdings noch üppiger behaarten Amerikanischen Cocker Spaniel, der bei uns viel seltener gehalten wird.) Die Rasse geht auf uralte englische Stöberhunde zurück, erhielt ihre heutige elegante Gestalt jedoch erst im 19. Jahrhundert. Der Cocker wurde früher vor allem dazu verwendet, Waldschnepfen (englisch: »woodcock« – daher der Name) aufzuspüren und zu apportieren. Der ehemalige Gebrauchshund hat sich mittlerweile fast ausschließlich in einen attraktiven Begleithund verwandelt, zeitweise sogar in einen Modehund, der deswegen leider manchmal mit genetisch bedingten Wesensschwächen und Krankheiten behaftet ist.

Eigenschaften: Ein Cocker aus gutem Hause ist ein temperamentvoller, fröhlicher, anhänglicher und sensibler, aber zuweilen etwas eigensinniger Hausgenosse, der die Wohnung seiner Familie zuverlässig bewacht und einen guten Spielkameraden für die Kinder abgibt.

Haltung: Der Cocker passt in jedes Haus und in jede Wohnung, sofern er nur genügend Bewegung im Freien hat. Das lange, seidig schimmernde Fell verlangt tägliche Pflege. Insbesondere die langen Behänge müssen nach fast jeder Mahlzeit gesäubert werden, weil sie gern in den Futterbrei geraten.

Basenji

Größenvergleich
(zum Herrchen = ca. 180 cm)

Schulterhöhe
Rüde 43 cm, Hündin 40 cm

Gewicht:
9,5–11 kg

Fellfarbe
Schwarz und weiß, rot und weiß, dreifarbig mit lohfarbenen Abzeichen.

Besonderheiten
Anfällig für Nierenkrankheiten, Anämie, Netzhautatrophie und Leistenbrüche. Geeignet für Fortgeschrittene.

Geschichte: Der Basenji, manchmal auch lautgerecht Basendschi genannt, verkörpert einen uralten Hundetyp, wie er schon in steinzeitlichen Felsbildern und altägyptischen Grabmälern dargestellt worden ist. Als sein Herkunftsland wird Zentralafrika angegeben, wo er als so genannter Primitivhund weder gezielt gezüchtet noch regelmäßig gefüttert und in Notzeiten sogar geschlachtet wurde. Afrikaforscher brachten die ersten Basenjis im 19. Jahrhundert nach Europa, doch die Akklimatisierung und Zucht der Rasse gelangen erst um 1935 in England. In Deutschland wurde sie erst in den 1970er-Jahren bekannt und erfreut sich seither wachsender Beliebtheit.
Eigenschaften: Trotz ihrer »wilden« Ursprünge können die intelligenten, aktiven Basenjis freundliche und fröhliche Hausgenossen abgeben, die vor allem durch ihre anmutigen, koboldhaften Bewegungen auffallen. Man kann sie einigermaßen zum Gehorsam erziehen, aber nicht abrichten. Ein bisschen eigensinnig bleiben sie immer. Basenjis bellen nicht, verfügen jedoch über eine modulationsfähige Stimme, die piepsen, kichern, grollen oder jodeln kann.
Haltung: Die ausgefallene Rasse sollte Kennern mit einem ausgeprägten Sinn für Humor vorbehalten bleiben. Die Tiere sind ausgesprochen reinlich, riechen nicht und verlangen kaum Pflege, benötigen aber viel Auslauf und Beschäftigung, vor allem wenn sie in einer Stadtwohnung gehalten werden.

Bedlington Terrier

Größenvergleich
(zum Herrchen = ca. 180 cm)

Schulterhöhe
Um 41 cm

Gewicht
8–10,5 kg

Fellfarbe
Blau, braun oder sandfarben, mit oder ohne lohfarbene Abzeichen.

Besonderheiten
Anfällig für Augenerkrankungen und Kupfertoxikose (übermäßige Speicherung von Kupfer in der Leber). Geeignet für Anfänger.

Geschichte: Aus dem Rothbury Terrier, so benannt nach einer Kesselflickerfamilie aus der Gegend von Rothbury an der englisch-schottischen Grenze, soll der Bedlington Terrier am 19. Jahrhundert hervorgegangen sein. Dieser erhielt seinen Namen von dem Ort, in dem die neue Rasse 1870 erstmals öffentlich präsentiert wurde. Die dort heimischen Bergarbeiter züchteten den schnellen, schneidigen Terrier für die (illegale) Jagd auf Kleinwild aller Art und sogar für Hundekämpfe.

Eigenschaften: Der Bedlington Terrier wird mit einigem Recht als kleiner »Wolf im Schafspelz« bezeichnet, denn sein sanftes Erscheinungsbild täuscht darüber hinweg, dass wir es hier mit einem sehr aufgeweckten, temperamentvollen, wachsamen und latent raubzeugscharfen Terrier zu tun haben. Die irreführende Schäfchenfrisur ist erst im 20. Jahrhundert in Mode gekommen und inzwischen obligatorisch. Der Hund hat sich offenbar dem Modetrend etwas angepasst und gibt sich meist sehr anhänglich und liebevoll gegenüber seiner Familie und freundlich-distanziert gegenüber Fremden.

Haltung: Der Bedlington Terrier kann auch in der Stadt gehalten werden, sofern er genügend Auslauf bekommt. Wanderer, Jogger oder Radfahrer sind ihm als Begleiter stets willkommen. Das Schneiden und Trimmen des Haarkleids sollte man einem professionellen Hundefriseur überlassen.

Puli

Größenvergleich
(zum Herrchen
= ca. 180 cm)

Schulterhöhe
Ideal beim Rüden 40–44 cm, bei der Hündin 37–41 cm

Gewicht
Rüde 13–15 kg, Hündin 10–13 kg

Fellfarbe
Schwarz, oft mit rostrotem Anflug, grau in verschiedenen Tönungen oder weiß.

Besonderheiten
Keine rassetypischen Krankheiten bekannt. Geeignet für nicht ganz unerfahrene Anfänger.

Geschichte: Der Puli gehört zur Gruppe der ungarischen Hirtenhunde. Sein Name taucht zwar erst 1751 erstmals in der Literatur auf, aber die Ursprünge der Rasse liegen sehr viel weiter zurück. Die tüchtigen Hüte-, Treib- und Wachhunde kamen wahrscheinlich, genauso wie der ähnliche, aber größere Komondor, schon vor mehr als einem Jahrtausend mit dem Nomadenvolk der Magyaren aus Asien nach Ungarn. Ihre eigentliche Heimat scheint Tibet zu sein, wie die Ähnlichkeit mit dem Tibet Terrier, von dem sie abstammen sollen, vermuten lässt. In Ungarn wurde der Puli bis in die Gegenwart hinein auf Gebrauchstüchtigkeit gezüchtet, doch außerhalb Ungarns hat er sich in einen beliebten, wenngleich ungewöhnlichen Familienhund verwandelt.
Eigenschaften: Der Puli ist ein robuster, wetterfester und selbstbewusster Naturbursche geblieben, der von erblich bedingten Krankheiten und Wesensdefekten verschont wurde. Er ist temperamentvoll, flink und intelligent, misstrauisch gegenüber Fremden, aber nie oder nur selten aggressiv. Sein Hauptkennzeichen ist jedoch das lange, zottige und zum Verfilzen und Verschmutzen neigende Haar, das den ganzen Körper dicht umhüllt.
Haltung: Der Puli eignet sich nur bedingt für das Stadtleben, viel lieber ist ihm ein freies Leben auf dem Lande, möglichst auf einem geräumigen Grundstück. Dann macht auch die Fellpflege etwas weniger Mühe.

Kromfohrländer

Größenvergleich
(zum Herrchen
= ca. 180 cm)

Schulterhöhe
38–46 cm

Gewicht
10–14 kg

Fellfarbe
Weiß mit hell- bis dunkelbraunen Flecken.

Besonderheiten
Etwas anfällig für Arthrose, sonst keine rassetypischen Krankheiten bekannt. Geeignet für Anfänger.

Geschichte: Der Kromfohrländer hat eine ebenso kurze wie kuriose Geschichte, die 1945 im Siegerland begann. Unmittelbar nach dem Zweiten Weltkrieg überließen amerikanische Soldaten dort einer gewissen Ilse Schleifenbaum einen undefinierbaren französischen Jagdhund, den die Dame mit einer ortsansässigen Drahthaar-Foxterrierhündin verpaarte. Das waren die Stammeltern einer neuen Rasse. Sie wurde bereits 1955 anerkannt und benannt nach einem hügeligen Landstrich in der Nähe von Siegen, der den Namen »Krom Fohr« (Krumme Furche) trägt.
Eigenschaften: Die Kromfohrländer wurden von vornherein als Begleit- und Familienhunde gezüchtet, und als solche haben sie sich sehr gut bewährt. Es sind hübsche, lustige, intelligente und freundliche Tiere von handlicher Größe und gesunder Konstitution. Sie stammen ausschließlich aus kleinen Liebhaberzuchten und kommen in zwei Schlägen vor: rauhaarig mit kurzem oder mittellangem Fell und glatthaarig mit kurzem bis langem flachem Fell.
Haltung: Der anpassungsfähige, mittelgroße Kromfohrländer fühlt sich in der Stadt ebenso wohl wie auf dem Lande, sofern er genügend Auslauf bekommt. Mit nicht zu kleinen Kindern versteht er sich prächtig, da er lebenslang gern spielt und herumtollt. Die Haarpflege ist bei beiden Schlägen einfach, die richtige Erziehung verlangt jedoch etwas mehr Aufwand.

Pinscher

Größenvergleich
(zum Herrchen
= ca. 180 cm)

Schulterhöhe
43–48 cm

Gewicht
Bis ca. 16 kg

Fellfarbe
Einfarbig schwarz oder braun in verschiedenen Tönungen bis hirschrot; zweifarbig schwarz und lohfarben.

Besonderheiten
Keine rassetypischen Krankheiten bekannt. Geeignet für Anfänger.

Geschichte: Der Pinscher, mit vollem Namen Deutscher Pinscher, hat eine lange, aber nicht genau dokumentierte Ahnenreihe. Hunde vom Pinschertyp gab es schon vor Jahrhunderten als wachsame Hofhunde und tüchtige Rattenbeißer. Auf letztere Funktion verweist auch der vom englischen Verb »to pinch« (zwicken, kneifen) abgeleitete Namen, den man dieser urdeutschen Rasse schon früh verliehen hat. Erst um 1900 wurde der glatthaarige Pinscher als eigene Rasse vom nah verwandten rauhaarigen Schnauzer unterschieden. Vielleicht ist der unschöne Name mit schuld daran, dass der Pinscher längst nicht so bekannt und verbreitet ist, wie er es verdient hätte.
Eigenschaften: Der Pinscher ist ein kraftvoller, harmonisch gebauter Hund mit einem verlässlichen, unverdorbenen Charakter. Er hat ein lebhaftes, schneidiges Temperament ohne übertriebene Schärfe, begegnet Fremden mit gesundem Misstrauen, schließt sich aber eng an seine Bezugsperson und die restliche Familie an. Mit Kindern kann er nicht viel anfangen. Dafür ist er ein ausgezeichneter Wachhund, was allerdings zur Folge hat, dass er bei der geringsten Störung lautstark und ausgiebig bellt.
Haltung. Die anpassungsfähige, relativ leicht erziehbare Rasse eignet sich auch für eine Stadtwohnung, sofern ihr Hang zum Kläffen nicht allzu sehr stört. Das kurze Haarkleid ist ausgesprochen pflegeleicht.

Irish Terrier

Schulterhöhe
Etwa 46 cm

Gewicht
Um 11–12 kg

Fellfarbe
Einfarbig kräftig rot, rötlich gestromt oder rotweizenfarbig.

Besonderheiten
Etwas anfällig für Hautbeschwerden und Pfotendeformation. Geeignet für Fortgeschrittene.

Geschichte: Die Ahnenreihe dieser Rasse ist bunt gemischt und etwas undurchsichtig. In seiner modernen Erscheinungsform entstand der Irish Terrier erst im 19. Jahrhundert im Süden Irlands, und beteiligt waren vor allem alte schwarz-lohfarbene englische und weizengelbe irische Terrier. Er wurde ursprünglich für die Bekämpfung von Ratten und Raubzeug und für die Jagd gezüchtet, manchmal auch für Hundeschaukämpfe. Für die Jagd und andere Gebrauchshundzwecke wird er nach wie vor verwendet.
Eigenschaften: Der Irish Terrier ist ein Energiebündel mit einem freundlichen und fröhlichen Gemüt. Im Haus gibt er sich liebevoll, ja zärtlich und verschmust, doch im Freien kommen bei entsprechender Gelegenheit seine angeborene Schärfe und sein Mut zum Vorschein, der ihm den Spitznamen »daredevil« (Teufelskerl) eingetragen hat. Raufereien mit fremden Hunden geht er ungern aus dem Weg, und kleines Wild – oder was er dafür hält – ist selten vor ihm sicher, weshalb man ihn fast immer anleinen muss.
Haltung: Für einen solchen charmanten Hitzkopf braucht man viel Zeit und eine feste Hand, denn nur bei konsequenter Erziehung zum Gehorsam gibt er einen wirklich angenehmen Hausgenossen ab. Er möchte sich draußen ausgiebig austoben und ist deswegen für die Stadt nur bedingt geeignet. Das Fell wird regelmäßig getrimmt.

Soft-coated Wheaten Terrier

Größenvergleich
(zum Herrchen
= ca. 180 cm)

Schulterhöhe
Rüde 46–48 cm,
Hündin etwas kleiner

Gewicht
16–18 kg

Fellfarbe
Hell- bis goldgelbe Weizenfarbe.

Besonderheiten
Anfällig für Hüftgelenkdysplasie, Netzhautatrophie und Hautallergien.
Geeignet für nicht ganz unerfahrene Anfänger.

Geschichte: Der »weich behaarte weizenfarbene Terrier«, wie der umständliche Name zu übersetzen wäre, hat seinen Ursprung in Irland. Über die Entstehung und Frühgeschichte der Rasse wissen wir kaum etwas, doch es scheint so gewesen zu sein, dass sie im 18. Jahrhundert aus verschiedenen irischen Terriertypen erzüchtet worden ist, und zwar als vielseitig verwendbarer Hüte-, Wach-, Jagd- und schließlich Familienhund. Als eigenständige Rasse fand dieser Terrier erst 1943 seine offizielle Anerkennung, und seither ist er in Europa und Amerika immer beliebter geworden, sodass heute fast die Gefahr einer Massenvermehrung droht.
Eigenschaften: Beim Soft-coated Wheaten Terrier steckt in der weichen Schale auch ein weicher Kern: Er gilt als sanftester Terrier, der engen Kontakt zu seinen Bezugspersonen hält und mit Kindern und allen andersartigen Haustieren gut zurechtkommt. Für einen Terrier ist er verhältnismäßig leicht zu erziehen, doch er bleibt immer ein wenig eigensinnig, misstrauisch und wachsam. Obendrein verfügt er über ein lebhaftes Temperament und viel Energie.
Haltung: Dieser hübsche, kompakt gebaute Terrier fühlt sich auch in der Stadt wohl, wenn er fleißig ausgeführt wird. Er braucht viel Ansprache und Zuwendung und regelmäßige gründliche Pflege seines langen, seidenweichen Haarkleids.

Kerry Blue Terrier

Schulterhöhe
Rüde 46–49 cm, Hündin etwas kleiner

Gewicht
Bis 18 kg

Fellfarbe
Blau in allen Tönungen mit oder ohne schwarze Abzeichen; die Welpen werden schwarz geboren.

Besonderheiten
Etwas anfällig für Hüftgelenkdysplasie. Geeignet für Fortgeschrittene.

Geschichte: Der »blaue Terrier aus Kerry«, einer Grafschaft im Süden Irlands, ist der amtlich approbierte Nationalhund seines Heimatlandes, weil man ihm eine »urirische« Abstammung nachsagt. Zu seinen Vorfahren zählen wahrscheinlich der urtümliche Irish Wolfhound und andere irische Terrier- und Jagdhundschläge. Der Kerry Blue Terrier wurde ursprünglich für die Jagd auf Ratten und Mäuse und sogar für Hundeschaukämpfe gezüchtet.
Eigenschaften: Der ebenso robuste wie intelligente Jagd- und Wachhund hat sich bis heute eine gewisse Schärfe und Rauflust bewahrt, gibt aber trotzdem einen angenehmen und zuverlässigen Hausgenossen ab, der allerdings ziemlich launenhaft und eigensinnig sein kann. Der eigenen Familie ist er treu ergeben, doch Fremde, zumal fremde Vierbeiner, mag er nicht besonders, was nicht selten zu handfesten Streitereien und Beißereien führt. Verblüffend ist, dass dieser derbe Naturbursche ein feines seidiges Lockenhaar besitzt, das sich ganz weich anfühlt. In seiner Heimat lässt man ihn in seiner aparten Naturwolle herumlaufen, bei uns wird das Haar regelmäßig ausgekämmt und in Form geschnitten.
Haltung: Dies ist ein Hund für Fortgeschrittene, die ihrem Hausgenossen, seiner konsequenten Erziehung und seiner aufwändigen Fellpflege, viel Zeit widmen können. Leider muss man ihn meist an der Leine führen.

Berger des Pyrénées

Größenvergleich
(zum Herrchen
= ca. 180 cm)

Schulterhöhe
Etwa 40–54 cm

Gewicht
Um 15 kg

Fellfarbe
Sandfarben bis rotbraun, grau, schwarz, auch gestromt oder getigert.

Besonderheiten
Keine rassetypischen Krankheiten bekannt. Geeignet für nicht ganz unerfahrene Anfänger.

Geschichte: Auf Deutsch wird die Rasse Pyrenäenschäferhund genannt (»berger« bedeutet sowohl Schäfer als auch Schäferhund), doch international verbindlich und gebräuchlich ist der französische Name. Dieser robuste Vierbeiner gilt als ältester Schäferhund Frankreichs, aber seine heutige Form hat sich wohl erst seit dem 18. Jahrhundert herausgebildet. Die flinken, zähen und ausdauernden Hunde hüteten und trieben die Herden, die in einer Art Arbeitsteilung von den viel größereren Pyrenäenberghunden vor Wölfen geschützt wurden. Der Berger des Pyrénées wird von jeher in zwei Haarschlägen gezüchtet: langhaarig (»à poil long«) und, seltener, mit kurzem Gesichtshaar(»à face rase«).

Eigenschaften: In den letzten Jahrzehnten hat der Berger des Pyrénées als Familienhund immer mehr Freunde gewonnen, vor allem der schöne langhaarige Schlag. Man muss sich allerdings darauf einstellen, dass man es hier mit einem aktiven, temperamentvollen, selbstbewussten und energiegeladenen ehemaligen Arbeitshund zu tun hat, der sich zuweilen etwas misstrauisch und ruppig gebärdet. Er schlägt bei jeder Störung an, ist aber kein Kläffer.

Haltung: Sie ist auch in der Stadt möglich, sofern er frühzeitig konsequent, aber behutsam zum Gehorsam erzogen wird und sehr viel Auslauf bekommt. Das Fell ist pflegeleicht, sollte aber regelmäßig gebürstet werden.

Schnauzer

Größenvergleich
(zum Herrchen = ca.180 cm)

Schulterhöhe
45–50 cm

Gewicht
Um 15 kg

Fellfarbe
Schwarz oder pfeffersalzfarben; Zwergschnauzer auch zweifarbig schwarz-lohfarben.

Besonderheiten
Etwas anfällig für Hüftgelenkdysplasie. Geeignet für Anfänger.

Geschichte: Der Schnauzer mit seinem namengebenden Schnauzbart ist eine alte süddeutsche Rasse, deren Vorläufer wohl schon im Mittelalter als Bauernhunde und Rattenbeißer verbreitet waren. Lange Zeit war der Schnauzertyp nicht genau definiert; er wurde sogar bis um 1900 mit dem glatthaarigen Pinscher in einen Topf geworfen. Der heutige Standardschnauzer wird offiziell Mittelschnauzer genannt – zur Unterscheidung von zwei anderen Schnauzerrassen, die nach ihm gekommen sind: der *Riesenschnauzer* (Schulterhöhe 60–70 cm), der mit ihm genetisch wenig gemein hat, und der *Zwergschnauzer* (30–35 cm), der eine verkleinerte Ausgabe des Mittelschnauzers ist.
Eigenschaften: Der Schnauzer verkörpert eine urwüchsige, redliche und zuverlässige Rasse. Er ist ein lebhafter, fröhlicher und intelligenter Hausgenosse, der seinem Herrn treu ergeben ist und auch mit Kindern gut zurechtkommt. Er benimmt sich zwar zuweilen etwas eigensinnig oder streitlustig, aber kaum jemals wirklich aggressiv und bissig. Perfekt erfüllt er seine Aufgabe als Wachhund, weil er rastlos aufmerksam und misstrauisch ist.
Haltung: Ein Mittel- und erst recht ein Zwergschnauzer können auch einem Anfänger empfohlen werden. Schnauzer passen sich mühelos an ein Leben in der Stadt an, wünschen sich aber reichlich Bewegung. Das Haar muss regelmäßig getrimmt werden.

Foto links: Zwergschnauzer; rechts: Mittelschnauzer

Whippet

Größenvergleich
(zum Herrchen = ca. 180 cm)

Schulterhöhe
Rüde 47–51 cm, Hündin 44–47 cm

Gewicht
Etwa 9–12 kg

Fellfarbe
Alle Farben und Farbkombinationen sind zugelassen.

Besonderheiten
Keine rassetypischen Krankheiten bekannt, doch etwas anfällig für Verletzungen.
Geeignet für Anfänger.

Geschichte: Zierliche, schlanke Windhunde vom Whippet-Typ gab es schon im 17. Jahrhundert, doch die heutige Rasse entstand erst im späten 19. Jahrhundert. Sie wurde in Nordengland von Bergleuten und Fabrikarbeitern aus kleinwüchsigen Greyhounds und Windspielen sowie kurzhaarigen Terriern erzüchtet und zunächst für die – meist illegale – Hasenhatz verwendet. Später stieg dieser proletarische Wildererhund, der wie eine verkleinerte Ausgabe des vornehmen Greyhounds aussieht und deshalb als »Windhund des kleinen Mannes« bezeichnet wird, zum beliebten Rennhund auf, der ein Tempo von mehr als 60 km/h vorlegen kann.
Eigenschaften: Der vierbeinige Jäger und Sprinter gibt erstaunlicherweise einen sehr sympathischen Familienhund ab, der zwar nach wie vor gern rennt, aber sich auch bereitwillig in das häusliche Leben einfügt. Er ist anhänglich, intelligent, leise, sauber, kinderfreundlich und dabei, seiner zerbrechlich wirkenden Erscheinung zum Trotz, recht widerstandsfähig, wenig krankheitsanfällig und langlebig. Er lässt sich gern verwöhnen, hält jedoch stets ein wenig auf Distanz. Typisch für die Rasse ist die eingeklemmt getragene Rute, was kein Zeichen von Ängstlichkeit, sondern ein normales Verhaltensmerkmal ist.
Haltung: Einem Whippet gefällt es auch in der Stadt, wenn er sich draußen genügend austoben kann. Er geht aber auch brav bei Fuß oder an der Leine.

Entlebucher Sennenhund

Größenvergleich
(zum Herrchen
= ca. 180 cm)

Schulterhöhe
40–50 cm

Gewicht
25–30 kg

Fellfarbe
Schwarz mit gelbem bis rostbraunem Brand und symmetrischen weißen Abzeichen.

Besonderheiten
Keine rassetypischen Krankheiten bekannt. Geeignet für Anfänger.

Geschichte: Wie alle Sennenhunde geht auch der Entlebucher, der kleinste von ihnen, auf die antiken Molosser zurück, die vor rund 2000 Jahren mit den römischen Legionen durch die Schweiz nach Norden gezogen sind. Benannt wurde die Rasse nach der Region Entlebuch im Kanton Luzern, wo ihre Vorläufer als gewöhnliche Bauernhunde offenbar besonders häufig anzutreffen waren. Der schon früh rein gezuchtete Entlebucher Sennenhund wäre zu Beginn des 20. Jahrhunderts beinahe ausgestorben, konnte aber von engagierten Schweizer Hundekennern vor dem Untergang gerettet werden.
Eigenschaften: Der derbe Arbeitshund hat sich längst in einen robusten, aufgeweckten, lernfreudigen und freundlichen Familienhund verwandelt, der wegen seiner guten Eigenschaften größere Beachtung verdient. Er gibt einen guten Wachhund ab, bellt aber nicht übermäßig viel und ist den Kindern ein hervorragender Beschützer und Spielkamerad.
Haltung: Der Entlebucher Sennenhund ist ein unkomplizierter, zuverlässiger Hausgenosse, mit dem auch ein Anfänger gut zurechtkommen kann. Allerdings sollte man ihm durch eine liebevolle Erziehung rechtzeitig den Hang zum Eigensinn austreiben. Dass er viel Bewegung braucht, versteht sich bei seiner Arbeitshundvergangenheit von selbst; wenn dafür gesorgt ist, kann man ihn auch in der Stadt halten. Das kurze Fell ist sehr pflegeleicht.

Groß- und Kleinpudel

Größenvergleich
(zum Herrchen
= ca. 180 cm)

Schulterhöhe
Großpudel über 45 cm (bis 60 cm), Kleinpudel 35–45 cm

Gewicht
Großpudel bis 22 kg, Kleinpudel um 12 kg

Fellfarbe
Schwarz, weiß, braun, silber oder apricot.

Besonderheiten
Anfällig für Hüftgelenkdysplasie, Netzhautatrophie, Hautleiden, Star, Epilepsie und Magendrehung. Geeignet für Anfänger.

Foto links: Klein- oder Mittelpudel; rechts: Großpudel

Geschichte: Alle Pudel gehören einer einzigen Rasse an. Die verschiedenen Größen werden demnach als Schläge bezeichnet; der Großpudel und der Klein- oder Mittelpudel repräsentieren die beiden größten Schläge. Die Pudelrasse hat eine lange, aber ziemlich undurchsichtige Geschichte. Pudelähnliche Hunde gab es vermutlich schon im Altertum, doch erst seit dem 16. Jahrhundert ist der Vorläufertypus der Rasse belegt. Die größeren Pudel waren ursprünglich Jagdhunde, die sich vor allem für die Wasserarbeit eigneten. Darauf gehen letztlich die »Frisuren« zurück, die man bis heute den Pudeln verpasst: Teile des üppigen Haarkleids wurde geschoren, damit sich die Tiere im Wasser leichter bewegen konnten.
Eigenschaften: Vor nicht allzu langer Zeit waren Pudel die weltweit beliebtesten Hunde. Das sind sie erfreulicherweise nicht mehr, was der durch züchterische Eingriffe geschädigten Rasse nur gut tut. Ein gesunder Pudel ist ein nahezu perfekter Familienhund: immer liebenswürdig und fröhlich, überdurchschnittlich intelligent und gelehrig, anhänglich und leicht erziehbar, verspielt und kinderlieb. Die Liste der guten Eigenschaften ließe sich fortsetzen. Nur noch zwei seien genannt: Pudel bellen wenig und haaren gar nicht.
Haltung: Sie ist überall unkompliziert. Mühe macht nur die Pflege des Fells; ob und wie es geschoren wird, ist Geschmackssache.

Groß- und Wolfsspitz

Größenvergleich
(zum Herrchen
= ca. 180 cm)

Schulterhöhe
Großspitz 42–50 cm,
Wolfsspitz
45–55 (60) cm

Gewicht
25–28 kg

Fellfarbe
Großspitz schwarz,
braun oder weiß;
Wolfsspitz wolfsgrau.

Besonderheiten
Keine rassetypischen
Krankheiten bekannt.
Geeignet für Anfänger.

Geschichte: Von der FCI und anderen Dachverbänden werden diese beiden Spitze nicht als eigenständige Rassen, sondern nur als die größten Schläge der Rasse Deutscher Spitz eingestuft. Zumindest beim Wolfsspitz könnte man darüber streiten, denn er fällt ein wenig aus der Reihe: Er wird im Unterschied zu allen anderen Schlägen nur in einer Farbe (Wolfsgrau) gezüchtet und ist außerdem wohl identisch mit dem holländischen Keeshond. Wie dem auch sei, alle Spitze stellen eine uralte Rasse dar, deren Vorfahren sich bis in die Steinzeit zurückverfolgen lassen. In der Vergangenheit haben sich Groß- und Wolfsspitze als typische Bauernhunde hervorragend bewährt.

Eigenschaften: Mit ihrer mächtigen Gestalt und Mähne sehen die beiden größten Spitze gefährlicher aus, als sie sind. Eine gewisse Schärfe liegt ihnen freilich im Blut, doch ansonsten geben sie treue, anhängliche, intelligente und äußerst wachsame Familienhunde ab, die keine Neigung zum Herumstreunen und zum Wildern haben, was auf dem Lande nicht unterschätzt werden darf. Hier können sie auch eher als in der Stadt ihrer Bellfreude frönen.

Haltung: Die großen Spitze sind recht unkomplizierte Hausgenossen, die auch in der Stadt gehalten werden können, weil sich ihr Bewegungsdrang in Grenzen hält. Das prachtvolle Haarkleid ist in Maßen schmutzabweisend, muss aber regelmäßig gebürstet werden.

Foto links: Großspitz;
rechts: Wolfsspitz

Australischer Schäferhund

Größenvergleich
(zum Herrchen = ca. 180 cm)

Schulterhöhe
Rüde 46–58 cm, Hündin etwas kleiner

Gewicht
Um 20 kg

Fellfarbe
Blau- oder rot-merle, schwarz, rot, mit oder ohne weiße oder lohfarbene Abzeichen.

Besonderheiten
Etwas anfällig für Hüftgelenkdysplasie und Augenerkrankungen.
Geeignet für Fortgeschrittene.

Geschichte: Der »Australian Shepherd« ist keine australische, sondern eindeutig eine nordamerikanische Rasse. Sie entstand im späten 19. Jahrhundert in Kalifornien, und zu ihren Vorfahren gehörten neben Collies auch aus Australien und Neuseeland importierte Hütehunde, was die offenkundige Falschbenennung erklärt. Der Australian Shepherd ist ein tüchtiger, zuverlässiger Hütehund und wird als solcher von amerikanischen Cowboys noch immer verwendet, doch gleichzeitig gibt er einen attraktiven Familienhund ab, der in Amerika sehr beliebt ist und inzwischen auch in Europa die Herzen der Hundefreunde erobert.
Eigenschaften: Der Hüte- und Schutztrieb ist beim Australian Shepherd stark ausgeprägt, und das bedeutet, dass er seine Familie in jeder Lebenslage beschützt und Weisungen bereitwillig befolgt. Er ist ausdauernd, temperamentvoll, intelligent, gelehrig, wachsam und kinderfreundlich, dabei stets etwas misstrauisch gegenüber Fremden, aber nie von sich aus aggressiv.
Haltung: Ein solcher Hund gehört in eine ländliche Umgebung, in der er seinen Bewegungsdrang abreagieren und täglich etwas Neues erleben kann. Er lässt sich leicht erziehen, braucht aber, damit er keinen Unsinn anstellt, eine echte Aufgabe. Das Fell ist relativ pflegeleicht, sollte aber regelmäßig ausgebürstet werden.

Border Collie

Größenvergleich
(zum Herrchen = ca. 180 cm)

Schulterhöhe
Beim Rüden idealerweise 53 cm, Hündin etwas kleiner

Gewicht
14–22 kg

Fellfarbe
Meist schwarz-weiß, aber alle Farben und Farbkombinationen sind erlaubt, wobei Weiß nie überwiegen darf.

Besonderheiten
Anfällig für Netzhautatrophie, Hüftgelenkdysplasie und Gehirnerkrankungen. Geeignet für aktive Fortgeschrittene.

Geschichte: Mit dem »Border« im Namen ist die Grenze zwischen England und Schottland gemeint, wo diese altbewährte Hütehundrasse ihren Ursprung hat. Der Border Collie war – und ist noch immer – ein ausgesprochener Arbeitshund, der seine Aufgabe, das Hüten und Treiben der Schafherden, sehr ernst nimmt und perfekt beherrscht. Mit der Funktion als Begleithund, die man ihm neuerdings immer häufiger zumutet, scheint er sich noch nicht ganz abgefunden zu haben.
Eigenschaften: Der Border Collie ist ein bildschöner, harmonisch proportionierter Vierbeiner, dem man nicht auf Anhieb ansieht, wie viel Kraft, Arbeitseifer und Ausdauer in ihm steckt. Die Rasse zeichnet sich aus durch Robustheit, Intelligenz, Unerschrockenheit und ein schnelles Auffassungs- und Reaktionsvermögen, aber auch durch eine gewisse angeborene Schärfe, die sich unangenehm bemerkbar machen kann, wenn der Hund nicht genügend gefordert wird und keine echte Aufgabe hat.
Haltung: Ein Border Collie eignet sich nur für fortgeschrittene Hundekenner, die auf dem Lande leben und viel Zeit haben, um mit ihrem freiheitsliebenden Gefährten im Gelände herum zu tollen. Wird ein solcher vierbeiniger Naturbursche ständig eingesperrt, neigt er zu destruktivem Verhalten und anhaltendem lautstarkem Bellen. Die Pflege des Haarkleids ist relativ einfach.

Bullterrier

Größenvergleich
(zum Herrchen
= ca. 180 cm)

Schulterhöhe
Nicht vorgeschrieben, meist 40–55 cm

Gewicht
20–32 kg, aber ebenfalls nicht vorgeschrieben

Fellfarbe
Rein weiß, weiß mit dunklen Abzeichen am Kopf, falb, rot, gestromt oder dreifarbig.

Besonderheiten
Anfällig für Herz- und Nierenkrankheiten, Hautleiden und Taubheit (bei weißen Tieren).
Geeignet nur für sehr verantwortungsvolle Fortgeschrittene. In etlichen Bundesländern ist die Haltung verboten oder unterliegt Beschränkungen.

Geschichte: Der Name Bullterrier verrät die Abstammung dieser Rasse, die um die Mitte des 19. Jahrhunderts entstanden ist: Ein gewisser James Hinks kreuzte damals die alte englische Bulldogge mit dem inzwischen ausgestorbenen White Terrier (und mit anderen Terriern) und schuf so einen stämmigen, ungewöhnlich willens- und muskelstarken Kraftprotz, den man nur mit einigem Wohlwollen als schön bezeichnen kann. Gleichzeitig entwickelte sich neben dem Standardmodell als eigene Rasse der so genannte *Zwergbullterrier*, der eine exakte Verkleinerung des Bullterriers darstellt, aber mit einer maximalen Schulterhöhe von 35,5 cm etwas niedlicher wirkt.
Eigenschaften: Der Bullterrier ist ein Hund mit zwei Gesichtern: Einerseits gibt er einen liebenswerten, intelligenten, anhänglichen, sanftmütigen und kinderfreundlichen Familienhund ab, andererseits kann dieses sympathische Wesen unverhofft ausrasten. Dann geht sein kaum noch zu zügelnder Aggressionstrieb mit ihm durch, der sich scheinbar unmotiviert gegen einen vermeintlichen vier- oder zweibeinigen Widersacher richtet, zuweilen sogar gegen Mitglieder der eigenen Familie. Da das ungemein kraftvolle Gebiss nicht mehr loslässt, was es einmal gepackt hat, sind die Folgen meist katastrophal.
Haltung: Ein Bullterrier muss auf dem Lande und in der Stadt stets unter Kontrolle gehalten werden. Sonst ist die Rasse unproblematisch.

Chow-Chow

Schulterhöhe
Rüde 48–56 cm,
Hündin 46–51 cm

Gewicht
Um 30 kg

Fellfarbe
Einfarbig schwarz, rot, blau, zimt, creme oder weiß.

Besonderheiten
Anfällig für Entropium, Hautkrankheiten und Hüftgelenkdysplasie. Geeignet für Fortgeschrittene.

Geschichte: Der imposante Chow-Chow kommt aus China zu uns, wo sein Name nichts anderes als »lecker-lecker« bedeutet. In seiner fernöstlichen Heimat wurde und wird er jedoch nicht nur als Fleischlieferant, sondern auch und vor allem als Wach-, Jagd- und Schlittenhund verwendet. Seine Ursprünge liegen im Dunkeln, doch es steht fest, dass er von nordischen Spitzen abstammt und dass die Ahnen der heutigen Rasse bereits vor 4000 Jahren existierten.
Eigenschaften: Der Chow-Chow sieht zwar aus wie ein wuschliger großer Teddybär, ist aber alles andere als ein Schmusetier, was man bei genauerem Hinsehen schon an seinem stets mürrisch wirkenden Gesichtsausdruck erkennt. Er ist das, was der Fachmann einen »Einmannhund« nennt, also einer, der sich nur einem überlegenen und konsequenten Herrn unterordnet. Selbst seinen zweibeinigen Rudelgefährten gegenüber bleibt er meist reserviert, und Fremden begegnet er mit abweisendem Misstrauen. Er kann sogar blitzschnell zuschnappen, wenn er sich belästigt fühlt. Andererseits besitzt dieser Aristokrat mit der blauen Zunge ein ruhiges, gelassenes Naturell. Vom Spielen und Herumtollen hält er sowieso nichts.
Haltung: Dies ist ein Hund für Fortgeschrittene mit einer starken Hand. Er nimmt, da er wenig bewegungsfreudig ist, auch mit einer Stadtwohnung vorlieb. Sein üppiges Haarkleid verlangt intensive Pflege.

Kleiner Münsterländer

Größenvergleich
(zum Herrchen
= ca. 180 cm)

Schulterhöhe
Rüde 50–56 cm,
Hündin 48–54 cm

Gewicht
Um 15 kg

Fellfarbe
Weiß oder Schimmel mit braunen Platten.

Besonderheiten
Etwas anfällig für Entropium und Hüftgelenkdysplasie.
Geeignet für nicht ganz unerfahrene Anfänger.

Geschichte: Diese Rasse, die zuweilen auch als Heidewachtel bezeichnet wird, wurde im 19. Jahrhundert im westfälischen Münsterland als ausgesprochener Jagdgebrauchshund, genauer: als Stöber-, Vorsteh- und Apportierhund, erzüchtet. Ihr Typus ist freilich schon seit dem Mittelalter bekannt; als ihre Vorfahren gelten vor allem die alten, längst ausgestorbenen Wachtel- und Habichtshunde. Diese Namen deuten darauf hin, dass die fernen Ahnen des Kleinen Münsterländers vornehmlich für die Vogeljagd und speziell die Beizjagd verwendet wurden. Im Gegensatz zu seinem sehr ähnlichen größeren Vetter, dem *Großen Münsterländer* (Schulterhöhe ca. 60 cm), hat sich der Kleine Münsterländer zu einem vorzüglichen Familienhund gewandelt, obwohl er noch immer vorwiegend als Jagdhund eingesetzt wird.
Eigenschaften: Der bildschöne Kleine Münsterländer ist ein robuster, aktiver und intelligenter Hausgenosse, der seinem Herrn und der ganzen Familie loyal ergeben ist. Sein Bewegungsdrang ist zwar nicht ganz so stark ausgeprägt wie bei den meisten anderen Jagdhunden, aber er braucht reichlich körperliche Betätigung: lange Spaziergänge, Apportieren, Schwimmen oder ausgiebige Spiele mit den Kindern des Hauses, denen er sehr zugetan ist.
Haltung: Die Rasse liebt das Landleben und eignet sich kaum für die Stadt. Ansonsten ist sie unkompliziert, leicht erziehbar und pflegeleicht.

Samojede

Größenvergleich
(zum Herrchen
= ca. 180 cm)

Schulterhöhe
Rüde 57 cm, Hündin 53 cm, jeweils ± 3 cm

Gewicht
20–30 kg

Fellfarbe
Weiß, cremefarben oder weiß mit leichten bisquitfarbenen Abzeichen.

Besonderheiten
Anfällig für Hüftgelenkdysplasie. Geeignet für Anfänger.

Geschichte: Der Samojede wurde benannt nach dem nordsibirischen Nomadenvolk der Samojeden, die solche arbeitsfreudigen und genügsamen Polarspitze über Jahrhunderte hinweg als Rentierhüter und Schlittenhunde züchteten. Dabei blieben die typischen Merkmale der Hunde weitgehend rein erhalten. Die moderne standardisierte Rasse entwickelte sich erst im 19. Jahrhundert, nachdem die ersten Samojeden nach England und Nordamerika gelangt waren.

Eigenschaften: Der Samojede, der als Arbeitshund im unwirtlichen hohen Norden einen langen, harten Ausleseprozess durchgemacht hat, ist ein sehr kraftvoller, widerstandsfähiger, gesunder und wesensfester Hund, der zugleich jeden Tierfreund mit seinem wunderschönen Aussehen und seinem lächelnden Gesichtsausdruck bezaubert. Samojeden sind intelligent, selbstbewusst und ein wenig eigensinnig, ungemein gutmütig und menschenfreundlich, anhänglich und kinderlieb und dabei frei von jeder Aggressionslust.

Haltung: Der Samojede ist von Natur aus anspruchslos, stellt aber als Familienhund von heute einige Ansprüche: Er braucht viel Bewegung und Beschäftigung, möchte am liebsten bei Schlittenrennen mitmachen und fühlt sich im Freien viel wohler als in der geheizten Wohnung. Außerdem ist sein Haarkleid sehr pflegeintensiv.

Bearded Collie

Größenvergleich
(zum Herrchen
= ca. 180 cm)

Schulterhöhe
Rüde 53–56 cm,
Hündin 51–53 cm

Gewicht
Etwa 25 kg

Fellfarbe
Vorzugsweise schiefergrau oder rötlichblond, aber auch grau, blau und sandfarben in allen Tönen, mit oder ohne weiße Abzeichen.

Besonderheiten
Etwas anfällig für Hüftgelenkdysplasie.
Geeignet für Anfänger.

Geschichte: Der Bearded Collie, dessen Name etwa mit »bärtiger Schäferhund« zu übersetzen wäre, hat seinen Ursprung in Großbritannien, genauer in Schottland, wo sein Typ seit dem 16. Jahrhundert nachweisbar ist. Der Legende zufolge geht die Rasse nicht nur auf altschottische Schäferhunde zurück, sondern auch auf drei polnische Niederungshütehunde, die dazumal per Schiff auf die Britischen Inseln gelangten.
Eigenschaften: Aus dem tüchtigen, wetterfesten Arbeitshund, der im schottischen Hochland jahrhundertelang Schafe hütete, ist heute ein modischer Begleithund geworden, nachdem eine englische Züchterin die fast ausgestorbene Rasse um 1950 erneuert hat. Temperamentvoll, schnell und lauffreudig ist er geblieben, und wenn er nicht genügend Bewegung und Beschäftigung bekommt, beginnt er sich zu langweilen und stellt womöglich einigen Unsinn an. An entsprechenden Einfällen mangelt es dem ebenso intelligenten wie verspielten Burschen nur selten.
Haltung: Der Bearded Collie gibt einen unkomplizierten, liebenswürdigen und anhänglichen Hausgenossen ab, braucht jedoch eine liebevolle, aber konsequente Erziehung und natürlich sehr viel Auslauf bei jedem Wetter. Dank seiner Anpassungsfähigkeit kann er auch in der Stadt gehalten werden. Die Pflege des attraktiven Fells ist sehr aufwändig.

Labrador Retriever

Größenvergleich
(zum Herrchen
= ca. 180 cm)

Schulterhöhe
Rüde idealerweise 56–57 cm, Hündin 54–56 cm

Gewicht
Um 30 kg

Fellfarbe
Einfarbig schwarz, gelb oder schokoladenbraun; ein kleiner weißer Brustfleck ist erlaubt.

Besonderheiten
Anfällig für Hüftgelenkdysplasie, Netzhautatrophie, Epilepsie und Hautallergien. Geeignet für Anfänger.

Geschichte: Als Herkunftsland der Rasse wird Großbritannien angegeben, doch ihr Ursprung liegt auf der großen kanadischen Insel Neufundland. Dort, in der Gegend von St. John's im Südostzipfel der Insel, hielten die Fischer arbeitsfreudige und wasserliebende Hunde, die zunächst St.-John's-Hunde genannt wurden. Um 1830 brachten englische Fischer solche Hunde mit in ihre Heimat, wo sie von adligen Grundbesitzern erworben und durch geschickte Zuchtwahl und Einkreuzung von englischen Vorstehhunden zur modernen Rasse veredelt wurden. Aus dem ehemaligen Arbeitshund ist inzwischen ein überaus beliebter Familienhund geworden.
Eigenschaften: Der Labrador ist ein passionierter Wasserhund geblieben, der für sein Leben gern schwimmt, taucht und aus dem Wasser apportiert (der englische Begriff »retrieve« bedeutet ja so viel wie apportieren). Ansonsten ist er ein sehr angenehmer Hausgenosse, gutmütig, freundlich gegenüber Groß und Klein, Freund und Feind, lebhaft, aber innerlich ausgeglichen, gelehrig und leicht erziehbar, anhänglich und frei von Aggressivität. Auch als Jagd-, Blinden- und Drogensuchhund leistet er Hervorragendes.
Haltung: Sie ist unkompliziert und auch in der Stadt möglich. Die Rasse braucht jedoch viel Auslauf und möglichst oft eine Gelegenheit zum Schwimmen. Das kurze Fell ist pflegeleicht.

Appenzeller Sennenhund

Größenvergleich
(zum Herrchen
= ca. 180 cm)

Schulterhöhe
Rüde 52–58 cm,
Hündin 48–54 cm

Gewicht
25–32 kg

Fellfarbe
Schwarz oder dunkelbraun mit deutlich abgesetzten und symmetrisch verteilten rostbraunen und weißen Abzeichen.

Besonderheiten
Keine rassetypischen Krankheiten bekannt. Geeignet für nicht ganz unerfahrene Anfänger.

Geschichte: Dass diese Hunde ihren Ursprung in der Schweiz haben, verrät schon ihr Name. Als ihr Vorläufer gelten die Molosser, die römische Soldaten vor 2000 Jahren in der Schweiz zurückgelassen haben. Die heutige Rasse mit dem schlankeren und fast quadratischen Gebäude und der lustigen Posthornrute entstand allerdings erst in den letzten 100–150 Jahren.
Eigenschaften: Von Hause aus ist der muskulöse und robuste Appenzeller Sennenhund ein unermüdliches Arbeitstier, das den Almhirten als Viehtreiber hervorragende Dienste leistete und noch immer leistet. Er bewacht und beschützt aber nicht nur zuverlässig die Rinder seines Herrn, sondern auch dessen Haus und Hof. Als Familienhund braucht der Naturbursche ebenfalls eine echte Aufgabe als Bewacher und Beschützer und außerdem reichlich Auslauf und körperliche Betätigung, damit er nicht verkümmert. Das wäre doch schade bei einem Hund, der so viel natürliche Schönheit, gesundes Selbstbewusstsein und menschenfreundliche Lernbereitschaft in sich vereint.
Haltung: Das Zusammenleben mit einem Appenzeller Sennenhund ist unkompliziert, aber eigentlich nur auf dem Lande möglich. Das kurzhaarige, dicht anliegende Fell benötigt nur wenig Pflege. Vor der Anschaffung eines solchen Hundes ist jedoch zu bedenken, dass er als aufmerksamer Wächter gern und ziemlich lautstark bellt.

Eurasier

Schulterhöhe
Rüde 52–60 cm,
Hündin 48–56 cm

Gewicht
Rüde 23–32 kg,
Hündin 18–26 kg

Fellfarbe
Rot bis falb, wolfsgrau, schwarz und schwarz mit andersfarbigen Abzeichen.

Besonderheiten
Keine rassetypischen Krankheiten bekannt, doch etwas anfällig für Hüftgelenkdysplasie. Geeignet für nicht ganz unerfahrene Anfänger.

Geschichte: Der Eurasier ist eine der jüngsten und erfolgreichsten Neuzüchtungen und wurde erst 1973 als eigene Rasse anerkannt. Seine Entstehung verdankt er dem Weinheimer Julius Wipfel, dessen Zuchtziel ein mittelgroßer, attraktiver, robuster, ausgeglichener und freundlicher moderner Familienhund war. Er griff dabei auf solide Ausgangsrassen zurück: Zunächst verpaarte er Chow-Chow und Wolfsspitz, und später wurde dann, zur Stabilisierung des Erscheinungsbilds und zur »Verfeinerung« des Wesens, der sanftmütige Samojede eingekreuzt. Von diesen drei Rassen, die aus Europa und Asien stammen, leitet sich auch der Name Eurasier her.
Eigenschaften: Im Idealfall verkörpert der Eurasier alle guten Eigenschaften der Ausgangsrassen, während man bestrebt war, ihm die weniger guten wegzuzüchten. Die neue Rasse hat sich als angenehmer und wesensfester Begleithund erwiesen, der sich an seine unmittelbaren Bezugspersonen eng anschließt, Fremden gegenüber jedoch stets Distanz bewahrt. Er ist wachsam, aber nicht aggressiv, und er bellt nur, wenn ein konkreter Grund gegeben ist.
Haltung: Für einen Eurasier braucht man viel Zeit, denn er möchte ständig in der Nähe seines Herrchens oder Frauchens bleiben. Da sich seine Bewegungsfreude in Grenzen hält, nimmt er auch mit einer Stadtwohnung vorlieb. Das Haar ist relativ pflegeleicht.

Husky

Größenvergleich
(zum Herrchen = ca. 180 cm)

Schulterhöhe
Rüde 53–60 cm, Hündin 51–56 cm

Gewicht
Rüde bis 28 kg, Hündin bis 23 kg

Fellfarbe
Alle Farben erlaubt, meist schwarz oder grau und weiß.

Besonderheiten
Anfällig für Netzhauterkrankungen und Entropium.
Geeignet für Fortgeschrittene.

Geschichte: Der Siberian oder Sibirische Husky wird meist schlicht Husky genannt. Diese Kurzform genügt vollkommen, denn es gibt keine andere Rasse, die ebenfalls das Wort Husky im Namen führt. Husky ist übrigens eine leicht herablassende englische Bezeichnung für Eskimo oder Inuit und verweist auf die Herkunft der Hunde. Es sind urtümliche Nordlandhunde, die den nomadisierenden Rentierzüchtern, vor allem in Nordsibirien, seit Jahrhunderten als Schlittenhunde dienen. 1909 tauchten sie in Alaska auf, das damals schon den USA gehörte, und wurden mit großem Erfolg für Schlittenrennen verwendet. Daraufhin hat der American Kennel Club die Huskys, die sich in ihrer subpolaren Heimat sehr typrein erhalten haben, als Rasse anerkannt.
Eigenschaften: Der Husky ist ein robuster, eifriger und ungemein ausdauernder Arbeitshund geblieben, der sich in unseren Breiten nur bedingt als Familienhund eignet, obwohl er wegen seiner Schönheit und Eleganz immer häufiger gehalten wird. Als ehemaliger Schlittenhund ist er ausgesprochen menschenbezogen und freundlich zu Mensch und Tier, zugleich aber ziemlich eigensinnig und unabhängig.
Haltung: Einen Husky sollte man nur dann anschaffen, wenn man ihn konsequent zu leidlichem Gehorsam erziehen und ihm sehr viel Bewegung und Beschäftigung im Freien bieten kann. Das kurze Fell ist pflegeleicht.

Collie

Schulterhöhe
Rüde 56–61 cm,
Hündin 51–56 cm

Gewicht
Um 30 kg

Fellfarbe
Gelb-weiß, tricolor (dreifarbig) und blue merle (überwiegend silberblau gefleckt und schwarz marmoriert).

Besonderheiten
Anfällig für verschiedene Augenerkrankungen.
Geeignet für Anfänger.

Geschichte: Als Collie bezeichnen wir durchweg den als »Lassie« berühmt gewordenen langhaarigen Collie, der offiziell auf Deutsch Collie Langhaar und auf Englisch Rough Collie heißt. (Daneben existiert ein sehr ähnlicher, viel seltenerer Collie Kurzhaar oder Smooth Collie, der eine eigenständige Rasse darstellt). Der Collie entstand als perfekter Hütehund im 19. Jahrhundert in Nordschottland und wurde vor allem durch Königin Victoria, die eine Vorliebe für ihn hatte, populär gemacht. Die ungeheure Beliebtheit, die er durch die »Lassie«-Filme erlangte, hat der Rasse infolge verantwortungsloser Massenzucht erheblichen Schaden zugefügt.
Eigenschaften: Als Gebrauchshund hatte der Collie kürzere Läufe, eine kürzere Schnauze und eine kürzere Behaarung als der heutige elegante Luxushund. Ein Tier aus gesunder Zucht zeichnet sich durch seine dekorative Schönheit und charaktervolle Würde, seine Treue und Gelehrigkeit aus. Der Collie ist aber weder ein Wunder- noch ein Schmusetier, sondern ein ganz normaler robuster, intelligenter und arbeitswilliger, aber auch ein wenig eigensinniger Hausgenosse, der sich als Wachhund und Kinderfreund bewährt.
Haltung: Der Collie liebt das Landleben, fühlt sich aber auch in der Stadt leidlich wohl. Er braucht eine liebevoll-konsequente Erziehung und eine regelmäßige intensive Fellpflege.

Golden Retriever

Größenvergleich
(zum Herrchen = ca. 180 cm)

Schulterhöhe
Rüde 56–61 cm,
Hündin 51–56 cm

Gewicht
Bis 37 kg

Fellfarbe
Jede Tönung von Gold und Creme, aber nie rot oder mahagoni; etwas Weiß auf der Brust ist erlaubt.

Besonderheiten
Anfällig für Hüftgelenkdysplasie, Augenerkrankungen und Epilepsie.
Geeignet für Anfänger.

Geschichte: Der Golden Retriever entstand erst im späten 19. Jahrhundert. Als Begründer der Rasse gilt Lord Tweedham, der um 1870 die Zucht mit einem wellig behaarten gelben Retriever, einem Irish Setter und dem inzwischen ausgestorbenen Tweed Water Spaniel aufbaute. Sein Zuchtziel war ein zuverlässiger Apportierhund (Retriever=Apportierer), der sich vor allem für die Wasserarbeit eignete. Auch heute wird der Golden Retriever noch häufig für die Jagd verwendet, doch wegen seiner Schönheit und seines sympathischen Wesens ist er zu einem sehr beliebten Familienhund avanciert.
Eigenschaften: Dass der Golden Retriever mittlerweile ein ausgesprochener Modehund geworden ist, hat vielfach eine Massenzucht mit entsprechenden negativen Begleiterscheinungen zur Folge gehabt. Ein Hund aus einer soliden Zucht gibt jedoch nach wie vor einen fast perfekten Hausgenossen ab, ganz abgesehen davon, dass sich die Rasse hervorragend zum Gebrauchshund im Dienste von Jägern, Zoll, Polizei, Blinden und Behinderten abrichten lässt. Der Golden Retriever ist sanft, ausgeglichen, gelassen, gelehrig und kinderlieb.
Haltung: Der Golden Retriever ist ein unkomplizierter, leicht erziehbarer Hund, der sogar in der Stadt gehalten werden kann, wenn er reichlich Auslauf bekommt. Er bellt nur, wenn es sein muss, schwimmt aber für sein Leben gern. Das Fell wird regelmäßig gebürstet.

Airedale Terrier

Größenvergleich
(zum Herrchen
= ca.180 cm)

Schulterhöhe
Rüde 58–61 cm,
Hündin 56–59 cm

Gewicht
Etwa 20 kg

Fellfarbe
Der Mantel ist schwarz oder dunkelgrau, ebenso die Oberseite des Halses und der obere Teil der Rute, alle anderen Bereiche sind lohfarben.

Besonderheiten
Etwas anfällig für Hüftgelenkdysplasie. Geeignet für Fortgeschrittene.

Geschichte: Der Name verweist auf die Herkunft: Im Tal (»dale«) des mittelenglischen Flusses Aire wurde die heute in aller Welt beliebte Rasse um die Mitte des 19. Jahrhunderts von Arbeitern und Bauern erzüchtet, und zwar aus lokalen Arbeitsterriern und dem Otter Hound. Der Airedale Terrier diente zunächst ebenfalls als Gebrauchshund, der Fischotter aufspüren und Haus und Hof vor zwei- und vierbeinigen Eindringlingen schützen musste.
Eigenschaften: Der kraftvolle und intelligente Airedale, der den Ehrennamen »König der Terrier« trägt, lässt sich auch heute noch leicht als Wach-, Polizei-, Zoll- oder Blindenführhund abrichten, wird aber meist als angenehmer und zuverlässiger Begleit- und Familienhund gehalten. Er ist ein gutmütiger, anhänglicher, wachsamer, lebhafter und fröhlicher Bursche, der sehr gut in einen Haushalt mit Kindern passt. Der ständige enge Kontakt zu Zweibeinern aller Altersstufen ist ihm offenbar ein Herzensbedürfnis. Sympathisch ist auch, dass er nur selten ohne Grund bellt und wenig krankheitsanfällig ist.
Haltung: Der Airedale ist kein Hund für Anfänger. Er fühlt sich in ländlicher Umgebung am wohlsten, begnügt sich aber auch mit einer Stadtwohnung, sofern man ihm genügend Bewegung im Freien garantieren kann. Er verliert praktisch keine Haare, aber das dichte, drahtige Fell sollte regelmäßig gebürstet und viermal im Jahr fachmännisch getrimmt werden.

Dalmatiner

Größenvergleich
(zum Herrchen
= ca. 180 cm)

Schulterhöhe
Rüde 58–61 cm,
Hündin 55–58 cm

Gewicht
23–30 kg

Fellfarbe
Rein weiß mit runden, klar abgegrenzten und möglichst gleichmäßig verteilten schwarzen oder braunen Tupfen.

Besonderheiten
Anfällig für Taubheit, Hautprobleme, Harnsteine, Hüftgelenkdysplasie und Übergewicht.
Geeignet für nicht ganz unerfahrene Anfänger.

Geschichte: Ob der Dalmatiner tatsächlich aus Dalmatien stammt, ist nach wie vor ungeklärt. Im FCI-Standard wird vage das »zentrale Mittelmeergebiet« als Herkunftsregion angegeben, und mehrfach ist durch Dokumente belegt, dass die Vorläufer der Rasse schon im Mittelalter in Kroation bekannt waren. Ihre große Zeit erlebten die Dalmatiner jedoch im 19. Jahrhundert in England, wo sie Kutschen und Reiter begleiteten, um sie vor Wegelagerern und Räubern zu schützen. In England erhielt die Rasse vermutlich auch ihre heutige Gestalt.

Eigenschaften: Der Dalmatiner mit seinem schlanken, muskulösen Gebäude ist ein typischer Laufhund, der sich viele Jahrhunderte lang als Gebrauchshund hervorragend bewährt hat. Heute hat er seinen Wirkungsbereich in ländliche Einfamilienhäuser und sogar Großstadtwohnungen verlegt, und der Radfahrer, der Jogger oder der Hobbyreiter müssen ihm die Kutschen von anno dazumal ersetzen. Der Dalmatiner ist ein aufgeweckter, lebhafter und wachsamer Familienhund, der mit seiner markanten Färbung überall Aufsehen erregt. Er bellt wenig, ist kinderfreundlich, sensibel und gutwillig.

Haltung: Die Rasse fühlt sich auf dem Lande und in der Stadt gleichermaßen wohl, wenn sie sehr viel Auslauf bekommt. Da Dalmatiner ziemlich verfressen sind, sollten sie knapp gefüttert werden. Das kurze Fell ist pflegeleicht.

Bobtail

Schulterhöhe
Rüde mindestens 61 cm, Hündin 56 cm

Gewicht
Um 30 kg

Fellfarbe
Grau, graumeliert oder bläulich mit Weiß.

Besonderheiten
Anfällig für Hüftgelenkdysplasie. Geeignet für nicht ganz unerfahrene Anfänger.

Geschichte: Alle sagen Bobtail (»Stummelschwanz« – wegen der auffallend kurzen Rute) zu ihm, doch offiziell heißt er Old English Sheepdog, und als »altenglischer Schäferhund«, als Hüter und Beschützer der Herden und als Viehtreiber, hat er einst seine Karriere begonnen. Sie endete im 19. Jahrhundert, als solche Dienstleistungen nicht mehr so sehr gefragt waren, und aus dem derben Arbeitshund wurde die Hundeschönheit von heute.

Eigenschaften: Der Bobtail ist inzwischen fast überall in der Welt zu einem Modehund geworden, was zur Massenzucht mit Wesensschwächen wie gesteigerter Aggressivität oder Schüchternheit geführt hat. Ein Bobtail aus einer gesunden Zucht ist dagegen ein sehr sympathischer Hausgenosse. Er besitzt ein ausgeglichenes, treues, furchtloses, aber nicht aggressives Naturell, ist klug, gelehrig, wachsam, lebhaft, fröhlich und kinderlieb. Unverwechselbar sind die wiegenden, bärenartigen Bewegungen des Hundes und seine eigenwillige Stimme.

Haltung: Für die Stadtwohnung ist der Bobtail nur bedingt geeignet, denn er braucht sehr viel Auslauf bei jedem Wetter. Das entsprechend wetterfeste, dichte und zottige Haarkleid wird oft zu einem Problem. Es sollte täglich gebürstet und gekämmt werden, aber man kann es auch auf eine vernünftige Länge kürzen, was die Pflege sehr erleichtert.

Belgischer Schäferhund

Größenvergleich
(zum Herrchen
= ca. 180 cm)

Schulterhöhe
Rüde um 62 cm, Hündin um 58 cm

Gewicht
Etwa 25–30 kg

Fellfarbe
Groenendael: schwarz, etwas Weiß erlaubt; Tervueren: rotbraun mit schwarzer Maske und dunklem Anflug; Malinois: rotbraun mit schwarzer Maske; Laekenois: falb, teilweise mit schwärzlichen Abzeichen.

Besonderheiten
Etwas anfällig für Augenerkrankungen, Epilepsie und Hüftgelenkdysplasie. Geeignet für nicht ganz unerfahrene Anfänger.

Geschichte: Der etwas fade Rassename Belgischer Schäferhund (Chien de berger belge) umschließt vier typgleiche, aber durch Behaarung und Fellfärbung deutlich unterscheidbare Schläge mit wohlklingenden Namen: den schwarzen, langhaarigen *Groenendael,* benannt nach dem gleichnamigen Schloss von Nicolas Rose, der ihn erzüchtete; den vorwiegend rotbraunen, langhaarigen *Tervueren,* der aus dem Dorf gleichen Namens stammt; den rotbraunen, kurzhaarigen *Malinois* oder *Mechelaer* aus der Gegend von Malines oder Mechelen; und den seltenen falbfarbenen rauhaarigen *Laekenois* oder *Laeken,* der nach dem Schloss Laeken in der Nähe von Brüssel benannt wurde. Der Belgische Schäferhund ist aus alten Schäferhundformen hervorgegangen, die seit dem Mittelalter in Belgien existieren und seit der zweiten Hälfte des 19. Jahrhunderts nach den damals festgelegten und später (1945) revidierten Standards der vier Schläge gezüchtet werden. Es steht fest, dass der belgische Professor Reul maßgeblich an der Entstehung der Rasse beteiligt war, doch über den zeitlichen Ablauf herrscht in der Fachliteratur keine Einigkeit. Jedenfalls liegen die Anfänge der Rassebildung so früh, dass die zuweilen geäußerte Meinung, der Belgische Schäferhund stamme vom Deutschen Schäferhund ab, schon aus Gründen der Chronologie nicht haltbar ist. Eine gewisse Ähnlichkeit mit dem Deutschen Schäferhund ist den Belgiern, insbesondere

dem Tervueren und dem Malinois, allerdings nicht abzusprechen. Alle vier Schläge des Belgischen Schäferhunds wurden ursprünglich als Gebrauchshunde, als Hüter und Beschützer der Herden, verwendet, doch wegen ihres attraktiven Aussehens und ihres freundlichen Wesens geben sie schon seit langem ideale Familienhunde ab.

Eigenschaften: Alle vier Schläge zeichnen sich dadurch aus, dass sie vergleichsweise gesund, wesensfest und charakterlich ausgeglichen sind, weil sie nie Modehunde waren und deshalb immer nur in kleinen Stückzahlen gezüchtet werden. Sie sind robust, intelligent, lebhaft ohne Überschwang, sehr wachsam, anhänglich, kinderlieb, leicht zu erziehen und mit einem ausgeprägten Beschützerinstinkt ausgestattet. Aggressives Verhalten kann vereinzelt vorkommen, ist aber keineswegs typisch für die Rasse.

Haltung: Der Belgische Schäferhund ist schon für Anfänger geeignet, da er sich willig an die jeweiligen Wohnverhältnisse – auch in der Stadt – anpasst und sich bei guter Früherziehung als recht folgsam und zuverlässig erweist. Nur die langhaarigen Schläge brauchen eine regelmäßige Fellpflege.

Foto oben: Groenendael; unten: Malinois.

Vorhergehende Seite links: Tervueren; rechts: Laekenois

Boxer

Schulterhöhe
Rüde 57–63 cm,
Hündin 53–59 cm

Gewicht
25–32 kg

Fellfarbe
Gelb, von dunkelkirschrot bis hellgelb, oder gestromt mit schwarzer Maske; weiße Abzeichen sind erlaubt.

Besonderheiten
Anfällig für Hüftgelenkdysplasie, Ektropium, Herzkrankheiten und Nervenleiden.
Geeignet für nicht ganz unerfahrene Anfänger.

Geschichte: Trotz seines englisch klingenden Namens hat der Boxer seinen Ursprung in Deutschland, genauer: in Bayern. Deshalb wird er auch offiziell als Deutscher Boxer bezeichnet. Als Rasse wurde er erst 1904 anerkannt, doch in seinen Adern fließt das Blut alter Bullenbeißer und Doggen.
Eigenschaften: Obwohl sein zerknautschtes, stets kummervoll dreinblickendes Gesicht »vor Hässlichkeit schön« ist, zählt der Boxer seit längerem zu den beliebtesten Rassen überhaupt. Das verdankt er vor allem seinen reichlich vorhandenen inneren Werten. Boxer sind einerseits lebhaft, schneidig und in Maßen kampfeslustig, andererseits liebenswert, gutmütig, fröhlich, gelehrig und treu wie Gold. Zudem eignen sie sich hervorragend als Spielgefährten für Kinder. Die oft beklagte »Untugend« der Rasse, nämlich der Hang zum Sabbern, ist ihr inzwischen weggezüchtet worden.
Haltung: Einen Boxer kann man ohne große Schwierigkeiten auch in einer Stadtwohnung halten, weil er im Haus ruhig und sauber und außerdem sehr wachsam ist. Er braucht jedoch viel Auslauf, denn er ist bewegungsfreudiger, als es auf den ersten Blick scheint. Wenn er sich nicht ausreichend körperlich betätigen kann, neigt er zum Dickwerden, was seiner an sich schlanken Figur gar nicht bekommt. Der kurzhaarige Hund braucht kaum Pflege; nur nach einem Spaziergang im Regen sollte man das Fell gründlich trocken reiben.

Deutscher Schäferhund

Größenvergleich
(zum Herrchen
= ca.180 cm)

Schulterhöhe
Ideal beim Rüden 62,5 cm, bei der Hündin 57,5 cm

Gewicht
Um 30–35 kg

Fellfarbe
Schwarz oder grau, einfarbig mit grauen oder gelben bis rotbraunen Abzeichen.

Besonderheiten
Anfällig für Hüftgelenkdysplasie, Knochendefekte, Epilepsie, Tumoren, Augenerkrankungen und Magendrehung. Geeignet für Fortgeschrittene.

Geschichte: Der in der ganzen Welt geschätzte und beliebte Deutsche Schäferhund verkörpert eine vergleichsweise junge Rasse. Sie hat zwar uralte Wurzeln, die sich leider nicht im Einzelnen benennen lassen, wurde aber erst 1880–95 von einem erzpatriotischen Rittmeister namens Max von Stephanitz erzüchtet. Seither hat sich ihr Erscheinungsbild erheblich verändert; das betrifft insbesondere die stark abfallende Hinterhand, die heute erwünscht ist (und allerlei Probleme mit sich bringt).
Eigenschaften: Seine ungeheure Popularität verdankt der Schäferhund seiner ausgewogenen, kräftigen Gestalt, seiner Intelligenz und leichten Erziehbarkeit, seiner Wachsamkeit und bedingungslosen Treue. Er lässt sich gut zum Polizei-, Zoll-, Blinden-, Sanitäts-, Drogen- und Schutzhund abrichten, gibt aber auch, wenn er aus einer tadellosen Zucht kommt, einen idealen Familienhund ab. Er muss allerdings wegen seiner latenten Schärfe konsequent erzogen werden. Man bedenke, dass ihm die meisten Hundeattacken auf Menschen angelastet werden, obwohl er kein »Kampfhund« ist!
Haltung: Dies ist ein Hund für Fortgeschrittene, die ihm reichlich Gelegenheit zum Rennen, Springen, Schwimmen, Apportieren usw. bieten können. Wenn er regelmäßig körperlich und geistig gefordert wird, gibt er sich auch mit einer Stadtwohnung zufrieden.

Flat-coated Retriever

Größenvergleich
(zum Herrchen = ca. 180 cm)

Schulterhöhe
Um 60 cm

Gewicht
Um 35 kg

Fellfarbe
Schwarz oder leberfarben.

Besonderheiten
Etwas anfällig für Hüftgelenkdysplasie, sonst keine rassetypischen Krankheiten bekannt.
Geeignet für Anfänger.

Geschichte: Der Flat-coated Retriever, auf deutsch etwa »Apportierhund mit flach anliegendem Fell«, ist eine relativ junge Rasse. Sie wurde gegen Ende des 19. Jahrhunderts in England erzüchtet. Die Ausgangsrassen sind nicht im Einzelnen bekannt, doch wahrscheinlich waren Labrador Retriever, Neufundländer, Setter und auch Collies beteiligt. Das Zuchtziel war ein harmonisch gebauter, temperamentvoller und leichtführiger Jagdhund, der sich vor allem für das Apportieren von erlegtem Wild im offenen Gelände und aus dem Wasser eignet. Die Rasse fand bald eine große Verbreitung, wurde aber dann durch den Golden und den Labrador Retriever von ihrer Spitzenposition verdrängt, erlebt jedoch neuerdings eine kleine Renaissance.
Eigenschaften: Der Flat-coated Retriever gibt einen wunderbaren Familienhund ab, weil er freundlich, lernwillig, folgsam, anpassungsfähig und kinderlieb ist – und obendrein bildschön! Zu seinen Gunsten spricht auch, dass er noch nicht so überzüchtet ist wie manche Modehunde von heute.
Haltung: Man kann die Rasse auch in der Stadt halten, doch besser gefällt es ihr auf dem Lande. Dieser ehemalige Gebrauchshund braucht viel Auslauf und will körperlich und geistig gefordert werden. Er tummelt sich gern in jedem Gewässer und liebt Ball- und Apportierspiele über alles. Das glatte, glänzende Fell braucht kaum Pflege.

Alaskan Malamute

Größenvergleich
(zum Herrchen = ca. 180 cm)

Schulterhöhe
Rüde 63,5 cm, Hündin 58,5 cm

Gewicht
34–38 kg

Fellfarbe
Meist hellgrau bis schwarz mit weißen Abzeichen, vereinzelt auch rein weiß.

Besonderheiten
Anfällig für Zwergwuchs, Hüftgelenkdysplasie und Hitzebeschwerden. Geeignet für fortgeschrittene Spezialisten.

Geschichte: Der Alaskan Malamute hat seinen Namen von den Mahlemut Inuit, einem nomadischen Eskimovolk im Nordwesten Alaskas, das seit jeher einen sehr starken, widerstandsfähigen und zuverlässigen Schlittenhund brauchte. Als idealen Helfer schufen die alaskischen Jäger und Fischer schon vor Jahrhunderten aus urtümlichen nordischen Spitztypen den Malamute, der ihnen nicht nur als Zugtier, sondern auch als Wach- und Jagdhund wertvolle Dienste leistete. Später begleitete er viele Forscher auf ihren Polarexpeditionen, und heute wird er bevorzugt für Schlittenhundrennen verwendet, bei denen er sich weniger durch Schnelligkeit als durch seine ungeheure Ausdauer hervortut.

Eigenschaften: Der Malamute ist durchweg ein ruhiger, freundlicher und treuer Hausgenosse. Er scheint sich allerdings seiner Intelligenz und körperlichen Überlegenheit bewusst zu sein, denn er gebärdet sich nicht selten dominant. Das kann bei einem so kraftvollen Hund zu einem Problem werden, dem man durch eine konsequente Früherziehung entgegenwirken sollte.

Haltung: Sie ist ziemlich unkompliziert, wenn der Kraftprotz gut erzogen und sozialisiert ist und wenn er überdies reichlich Gelegenheit hat, sich körperlich zu betätigen. Für die Stadt kommt er kaum in Frage, und große Hitze mag er gar nicht. Sein Fell ist recht pflegeleicht, haart aber regelmäßig und ausgiebig.

Deutsch Drahthaar

Größenvergleich (zum Herrchen = ca. 180 cm)

Schulterhöhe
Rüde 61–68 cm, Hündin 57–64 cm

Gewicht
Um 30 kg

Fellfarbe
Möglichst unauffällig; meist braun, braun- oder schwarzschimmel.

Besonderheiten
Selten anfällig für Hüftgelenkdysplasie und Entropium. Geeignet für Fortgeschrittene.

Geschichte: Mit vollem Namen heißt dieser Vierbeiner Deutscher Drahthaariger Vorstehhund – eine hinreichende Beschreibung seiner Eigenschaften: Er wurde in Deutschland Ende des 19. Jahrhunderts aus verschiedenen bewährten Jagdhundrassen herausgezüchtet, besitzt ein raues, hartes, »drahtiges« Haarkleid und ist, obwohl vielseitig jagdlich verwendbar, vor allem auf das Vorstehen spezialisiert, also darauf, verstecktes Wild dadurch anzuzeigen, dass er mit einem angehobenen Vorderlauf wie zur Salzsäule erstarrt vor ihm stehen bleibt. Der Deutsch Drahthaar gilt als einer der besten Jagdgebrauchshunde überhaupt, wird aber wegen seines menschenfreundlichen Naturells auch gelegentlich als Begleit- und Familienhund gehalten.
Eigenschaften: Der Deutsch Drahthaar liebt die menschliche Gesellschaft und fügt sich bereitwillig in die Familie ein, wenn er frühzeitig richtig erzogen und sozialisiert worden ist. Er ist ein robuster, lebhafter und charakterlich ausgeglichener Naturbursche, der sich allerdings manchmal etwas eigenwillig gebärdet, mit Kindern nicht viel anfangen kann und Fremden gegenüber stets auf Distanz hält.
Haltung: Es versteht sich von selbst, dass ein solcher Hund nicht für die Stadt taugt. Er braucht sehr viel Bewegung und frische Luft und muss von Anfang an konsequent zum Gehorsam erzogen werden. Das Fell ist pflegeleicht.

Gordon Setter

Größenvergleich
(zum Herrchen = ca. 180 cm)

Schulterhöhe
Rüde 66 cm, Hündin 62 cm

Gewicht
Um 30 kg

Fellfarbe
Tiefschwarz mit lohfarbenen Abzeichen.

Besonderheiten
Anfällig für Hüftgelenkdysplasie, Netzhautatrophie und Epilepsie. Geeignet für nicht ganz unerfahrene Anfänger.

Geschichte: Große Settertypen mit schwarz-lohfarbenem Fell sind auf den Britischen Inseln schon im 17. Jahrhundert nachgewiesen. Der moderne Gordon Setter mit dieser schönen Fellfärbung entstand jedoch erst im ausgehenden 18. Jahrhundert, und er verdankt seine Entstehung und seinen Namen dem Duke of Richmond and Gordon, der die Reinzucht der Rasse auf seinem Schloss Gordon Castle im schottischen Banffshire begründete. Der ursprünglich und auch heute noch als Jagdhund für das raue Terrain des schottischen Hochlands gezüchtete Setter, der so heißt, weil er vor dem aufgespürten Wild sitzen bleibt, gibt einen guten Begleithund ab.
Eigenschaften: Der Gordon Setter, der kraftvollste und langsamste unter den britischen Settern, ist eine selbstbewusste Hundepersönlichkeit, die sich einen engen Familienanschluss wünscht und sich Fremden gegenüber sehr distanziert verhält. Der robuste, widerstandsfähige und zugleich sensible Gordon Setter ist ein bewegungsfreudiger Vierbeiner, der sich auch gern im Wasser tummelt und unbeaufsichtigt ebenso gern seiner Jagdleidenschaft frönt.
Haltung: Die Rasse hat einen ausgeglichenen und ruhigen Charakter und ist deshalb recht unproblematisch, braucht aber vom Welpenalter an eine geduldige, konsequente Erziehung und überdurchschnittlich viel Bewegung und Beschäftigung im Freien. Das glänzende Fell sollte täglich gepflegt werden.

Rottweiler

Größenvergleich
(zum Herrchen
= ca.180 cm)

Schulterhöhe
Rüde 61–68 cm,
Hündin 56–63 cm

Gewicht
Rüde um 50 kg,
Hündin 42 kg

Fellfarbe
Schwarz mit gut abgegrenzten rotbraunen Abzeichen.

Besonderheiten
Anfällig für Hüftgelenkdysplasie, Entropium, Herzkrankheiten und Krebs. Geeignet nur für sehr verantwortungsvolle Fortgeschrittene.

Geschichte: Den Namen hat die relativ junge Rasse von der Neckarstadt Rottweil, die seit dem Mittelalter ein Zentrum des süddeutschen Viehhandels war. Dort züchteten die Metzger und Händler kraftvolle, scharfe Arbeitshunde zu ihrem Schutz und zum Treiben und Beschützen des Viehs. Die so genannten Rottweiler Metzgerhunde, Nachfahren altrömischer Molosserdoggen und Vorläufer der modernen Rasse, hatten um 1900 ausgedient, weil die Viehmärkte keine große Rolle mehr spielten, und wären beinahe untergegangen. Doch dann entdeckten Hundekenner die Vorzüge der Rottweiler, und die Rassezucht nahm einen bis heute anhaltenden Aufschwung.
Eigenschaften: Der Rottweiler kann seine Herkunft nicht verleugnen. Er ist ein kompaktes, massiges Kraftpaket, das eine gewisse Gefährlichkeit ausstrahlt. Rottweiler, die als Schutz- oder Polizeihunde Dienst tun, sind dank ihrer Ausbildung stets unter Kontrolle, doch bei Familienhunden ist die unbedingt notwendige Kontrolle nicht immer gegeben. Ein konsequent erzogener und gut sozialisierter Rottweiler ist jedoch ein ruhiger Hausgenosse, intelligent, gelehrig und folgsam – solange er nicht doch einmal ausrastet.
Haltung: Ein Rottweiler ist nur etwas für Spezialisten mit großem Hundeverstand und einer starken Hand, die diesen potenziell gefährlichen Hund fest im Griff haben und ihm reichlich Bewegung im Freien verschaffen.

Akita Inu

Größenvergleich
(zum Herrchen
= ca. 180 cm)

Schulterhöhe
Rüde 67 cm, Hündin 61 cm, Toleranz jeweils ± 3 cm

Gewicht
Um 40 kg

Fellfarbe
Nahezu alle Farben erlaubt, häufig mit schwarzer Maske.

Besonderheiten
Anfällig für Hüftgelenkdysplasie, Schilddrüsenunterfunktion, Augenleiden und Hauterkrankungen. Geeignet nur für sehr verantwortungsvolle Fortgeschrittene.

Geschichte: Schon am Namen erkennt man den Akita Inu als Japaner. Er wird meist kurz Akita genannt, was jedoch eine sprachliche Fehlleistung ist, denn »akita« bedeutet lediglich »groß« und ergibt ohne »inu« (Hund) eigentlich keinen Sinn. Die Rasse hat uralte Wurzeln in der Gruppe der nordischen Spitzhunde, doch in ihrer modernen Ausprägung wurde sie erst im 17. Jahrhundert für Hundekämpfe gezüchtet. Als dieser grausame Sport aus der Mode kam, verwendete man die kraftvollen, mutigen Vierbeiner als Jagd- und Schutzhunde. Heute werden sie im Westen fast ausschließlich als Begleit- und Wachhunde gehalten.
Eigenschaften: Der Akita Inu, der die größte autochthone japanische Hunderasse repräsentiert, ist ein imposanter Vierbeiner, mit dem im Ernstfall nicht zu spaßen ist. Doch dank seiner Größe, Kraft und Intelligenz kann er es sich leisten, selbstbewusst, würdevoll und gelassen aufzutreten. Seiner Familie ist er treu ergeben; Fremden gegenüber bewahrt er Distanz. Vor allem die Rüden lassen sich gern auf Raufereien mit anderen Hunden ein.
Haltung: Der Akita Inu ist ein Hund für Fortgeschrittene, die ihn konsequent zu erziehen und zu führen wissen. Für die Stadt ist er kaum geeignet, denn er braucht viel Bewegung im Freien. Das raue Haarkleid mit der dichten, feinen Unterwolle ist relativ pflegeleicht.

Briard

Größenvergleich
(zum Herrchen
= ca.180 cm)

Schulterhöhe
Rüde 62–68 cm,
Hündin 56–64 cm

Gewicht
Um 30 kg

Fellfarbe
Möglichst einfarbig, meist schwarz, grau oder fauve, aber nicht weiß.

Besonderheiten
Anfällig für Hüftgelenkdysplasie und Netzhautatrophie. Geeignet für Fortgeschrittene.

Geschichte: Der amtliche Name des allgemein Briard genannten Hundes lautet Berger de Brie, bezeichnet also einen Schäferhund aus der Region Brie im Osten von Paris (ob er dort tatsächlich seinen Ursprung hat, ist mehr als fraglich). Die Ahnenreihe der im 19. Jahrhundert entstandenen Rasse reicht bis ins Mittelalter zurück. Der kräftig gebaute, wetterfeste Briard ist ein ungemein tüchtiger, ja heldenhafter Hütehund, der sich auch als Wach- und Schutzhund bewährt hat. Inzwischen ist er wegen seiner stattlichen Erscheinung und luxuriösen Behaarung zu einem begehrten Begleithund geworden.
Eigenschaften: Der Briard ist ein intelligenter, aktiver Naturbursche geblieben, der sich gleichwohl hervorragend an das Familienleben anzupassen vermag. Ein solcher Hund aus einer guten Zucht – und mit einer guten Erziehung – zeigt kaum Wesensschwäche und bleibt lebenslänglich ein zuverlässiger, treuer und folgsamer Hausgenosse, der sich mit Kindern, fremden Hunden und ihm unbekannten Menschen recht gut versteht.
Haltung: Der Briard ist kein Hund für Anfänger oder für Reinlichkeitsfanatiker, und für eine Stadtwohnung eignet er sich nur sehr bedingt. Er braucht sehr viel Auslauf und möglichst auch gezielte sportliche Betätigung, die etwa darin besteht, dass er sein Rad fahrendes oder joggendes Herrchen oder Frauchen begleitet. Das Haarkleid erfordert großen Pflegeaufwand.

Bouvier des Flandres

Größenvergleich
(zum Herrchen
= ca.180 cm)

Schulterhöhe
Rüde 62–68 cm,
Hündin 59–65 cm

Gewicht
Rüde 35–40 kg,
Hündin 27–35 kg

Fellfarbe
Rehfarben oder grau, oft gestromt oder schwärzlich gestichelt, auch schwarz.

Besonderheiten
Anfällig für Hüftgelenkdysplasie und Magendrehung. Geeignet für Fortgeschrittene.

Geschichte: Der Name der Rasse, der wörtlich übersetzt so viel wie »Ochsenhirte aus Flandern« bedeutet, verweist auf ihre Herkunft (im Standard mit Frankreich/Belgien angegeben) und auf ihren ursprünglichen Verwendungszweck (Viehtreiber, aber auch Zugtier und Wachhund). Die Entstehung des Bouviers wird auf das 17. Jahrhundert datiert, doch die Vorläufer der heutigen, erst 1926 standardisierten Rasse boten ein sehr uneinheitliches Erscheinungsbild, was ihre Größe, Färbung und Fellbeschaffenheit angeht.
Eigenschaften: Der Bouvier des Flandres ist ein robuster, urwüchsig wirkender Bursche, der seine Gebrauchshundvergangenheit nicht verleugnen kann. Er scheint jedoch seine heutige Rolle als Begleithund gern angenommen zu haben, denn er ist freundlich, anhänglich, geduldig, wachsam, kinderlieb und ein zuverlässiger, unerschrockener Beschützer seiner Familie. Fremden gegenüber gibt er sich distanziert und nur selten etwas aggressiv, und er bellt nur, wenn er es wirklich für nötig hält. Unter dem derben, zottigen Fell verbirgt sich ein sensibler, aber eigenwilliger Charakter, der früh geformt und kontrolliert werden sollte.
Haltung: Dies ist ein Hund für Leute mit einer festen Erzieherhand, viel Freizeit und viel Humor. In der Großstadt fühlt er sich nicht besonders wohl. Sein raues und dichtes doppellagiges Fell verlangt sehr viel Pflegeaufwand.

Bloodhound

Schulterhöhe
Rüde um 67 cm, Hündin um 60 cm

Gewicht
Bis 50 kg

Fellfarbe
Schwarz und lohfarben, rot oder leber- und lohfarben; etwas Weiß ist erlaubt.

Besonderheiten
Anfällig für Hüftgelenkdysplasie, Magendrehung und Ektropium.
Geeignet für Fortgeschrittene.

Geschichte: Bloodhound oder Bluthund, wie die nicht ganz zutreffende Eindeutschung des Rassenamens lautet, klingt brutal und gefährlich, bedeutet aber eigentlich, dass wir es hier mit einem »Vollbluthund« zu tun haben. Vorzuziehen ist der Alternativname Chien de Saint-Hubert, zu deutsch Sankt-Hubertus-Hund, der darauf verweist, dass das Kloster St. Hubert in den belgischen Ardennen die Heimat der Hunde mit dem englischen Namen ist. Dort wurden die Vorfahren der heutigen Rasse bereits im Mittelalter für die Hochwildjagd gezüchtet.
Eigenschaften: Der Bloodhound ist ein hervorragender Spürhund, der seine Beute beharrlich verfolgt und nach dem Aufspüren vermeldet, sie aber keinesfalls verletzt oder gar tötet. Von »Blutdurst« kann also keine Rede sein, im Gegenteil: der Bloodhound ist als Familienhund von außergewöhnlicher Friedfertigkeit, Gutmütigkeit und Sanftmut und macht stets ein bekümmertes, sorgenvolles Gesicht, was freilich nur an den vom Standard vorgeschriebenen herabhängenden Unterlider und ausgeprägten Stirnfalten liegt.
Haltung: Das ist ein Hund für spezielle Liebhaber. Er gehört in ein Haus mit Garten und solider Einfriedung, denn wenn seine extrem feine Nase eine Witterung aufgenommen hat, ist er kaum noch zu halten. Obwohl er meist etwas träge wirkt, braucht er reichlich Auslauf, am besten an der Leine.

English Setter

Schulterhöhe
Rüde 65–68 cm,
Hündin 61–65 cm

Gewicht
25–30 kg

Fellfarbe
Schwarz, orange, zitronengelb, jeweils mit Weiß, oder dreifarbig; bevorzugt wird ein getüpfeltes oder gesprenkeltes Fell.

Besonderheiten
Anfällig für Hüftgelenkdysplasie. Geeignet für Fortgeschrittene.

Geschichte: Der English Setter – man kann den Namen auch als Englischer Setter eindeutschen – ist aus alten Spaniel- und Pointerschlägen hervorgegangen. Sein modernes Erscheinungsbild erhielt er durch Sir Edward Laverack, der um 1825 die strenge Auslesezucht der Rasse begründete. Wie alle anderen Setter war auch der English Setter ursprünglich ein Jagdhund, genauer: ein Vorstehhund, der das Wild aufspürte und dann still vor ihm sitzen blieb (daher der Name Setter), bis der Jäger auftauchte.
Eigenschaften: Der English Setter wird zwar auch heute noch jagdlich verwendet, aber schon vor Jahrzehnten ist er zu einem beliebten Begleit- und Familienhund geworden. Der bildschöne, elegante Hund hat ein sanftes, geduldiges und kinderfreundliches Gemüt und ist »seinen« Menschen liebevoll und treu ergeben, doch man sollte verhindern, dass er in der engen Wohnung als lebendes Dekorationsstück verkümmert. Viel wohler fühlt er sich im Freien, wo er seinen angeborenen Bewegungsdrang abreagieren kann.
Haltung: Die Anschaffung eines English Setters will gründlich überlegt sein, denn die Rasse stellt einige Ansprüche. Ein so großer ehemaliger Jagdhund verlangt zumindest ein Haus mit geräumigem Garten, sehr viel Auslauf, fachkundige Erziehung und eine möglichst tägliche intensive Pflege des langen seidenweichen Fells.

Rhodesian Ridgeback

Größenvergleich
(zum Herrchen
= ca. 180 cm)

Schulterhöhe
Rüde 63–69 cm,
Hündin 60–65 cm

Gewicht
29–34 kg

Fellfarbe
Weizenfarben
bis hellrot.

Besonderheiten
Nur selten anfällig für Hüftgelenkdysplasie, sonst keine rassetypischen Krankheiten bekannt.
Geeignet für Fortgeschrittene.

Geschichte: Dieser ungewöhnliche Hund heißt Ridgeback (»Gratrücken«), weil auf seinem Rücken ein erhöhter Fellstreifen mit nach vorn, also gegen den Strich wachsenden Haaren verläuft, und das Adjektiv Rhodesian bezieht sich auf den südostafrikanischen Staat Rhodesien (heute Simbabwe), wo einige Anhänger der Rasse 1922 den ersten Standard aufstellten. Als Ursprungsland des Ridgeback wird heute Südafrika angegeben, wo seine Vorläufer wohl schon vor Jahrhunderten von den Ureinwohnern als Schutz- und Jagdhunde gehalten und sogar für die Löwenhatz verwendet wurden; daher der Beiname Lion Dog (Löwenhund). Das moderne, noch immer nicht ganz einheitliche Erscheinungsbild erhielt die Rasse durch weiße Einwanderer, die Doggen, Terrier, Windhunde usw. einkreuzten.
Eigenschaften: Der Ridgeback wird als Wach-, Schutz- und Begleithund international immer beliebter, vermutlich wegen der Urwüchsigkeit seines Aussehens und Wesens, die eine Art Kontrastprogramm zu den vielfach überzüchteten europäischen Rassen bildet. Er ist ein wehrhafter, selbstbewusster und eigenwilliger Vierbeiner, der sich eng an seinen Herrn anschließt, aber wegen seiner Größe und Kraft unbedingt zum Gehorsam erzogen werden muss.
Haltung: Sie ist eigentlich nur auf dem Lande möglich, wo der Hund seinen Bewegungs- und Schutztrieb ausleben kann.

Weimaraner

Schulterhöhe
Rüde 59–70 cm, Hündin 57–65 cm

Gewicht
Etwa 32–38 kg

Fellfarbe
Silber-, reh- oder mausgrau, etwas Weiß erlaubt.

Besonderheiten
Anfällig für Hüftgelenkdysplasie, Magendrehung, Tumore und Allergien. Geeignet für Fortgeschrittene.

Geschichte: Der »klassische« Name kommt nicht von ungefähr, denn aktenkundig ist, dass die ersten Vertreter der Rasse zu Beginn des 19. Jahrhunderts in der Klassikerstadt Weimar ihren ersten Auftritt hatten. Der Großherzog (und Goethe-Freund) Karl August (1757–1828), der ein passionierter Jäger war, hat angeblich die Vorfahren der Rasse aus Böhmen oder auch aus Frankreich an seinen Weimarer Hof geholt und dort die Zucht begründet. Die Ahnen des Weimaraners sind nicht namentlich bekannt, waren aber auf jeden Fall bewährte Vorsteh- und Schweißhunde, denen die Neuzüchtung ihre hervorragenden jagdlichen Eigenschaften verdankt. Der aristokratische Weimaraner ist nach wie vor ein begehrter Jagdgebrauchshund, wird aber immer häufiger auch als reiner Familienhund gehalten.
Eigenschaften: Der Weimaraner, der übrigens nicht nur im gewohnten Kurzhaarfell, sondern vereinzelt auch in einer langhaarigen Version vorkommt, hat ein menschenfreundliches Naturell, ist intelligent, selbstbewusst und willensstark und lässt sich mit liebevoller Konsequenz zum Gehorsam erziehen. Eine solide Erziehung ist unerlässlich, denn ein aufsässiger Hund dieser Größe wird sonst zu einer unerträglichen Belastung.
Haltung: Der Weimaraner passt nur in eine ländliche Umgebung, wo er sich ausreichend bewegen und beschäftigen kann. Das Fell braucht kaum Pflege.

Hovawart

Größenvergleich
(zum Herrchen
= ca. 180 cm)

Schulterhöhe
Rüde 63–70 cm,
Hündin 58–65 cm

Gewicht
25–40 kg

Fellfarbe
3 Farbschläge: schwarz, schwarzmarken (schwarz mit hellen Marken) oder blond.

Besonderheiten
Selten anfällig für Hüftgelenkdysplasie. Geeignet für Anfänger.

Geschichte: Diese Rasse mit dem mittelhochdeutschen Namen, der Hofwart oder Wächter des Hofes bedeutet, ist keineswegs so alt, wie der Name suggeriert oder vielmehr suggerieren soll. Es gab zwar schon im Mittelalter Hofhunde, die so genannt wurden und ähnlich ausgesehen haben müssen, aber sie sind nicht die unmittelbaren Vorfahren des heutigen Hovawarts. Er wurde erst zu Beginn des 20. Jahrhunderts von vaterländisch gesinnten Kynologen aus Bauern-, Hirten-, Schäferhunden und Neufundländern erzüchtet bzw. »rückgezüchtet« und 1936 als Rasse anerkannt.
Eigenschaften: Der Hovawart war ursprünglich als harter, wetterfester, temperamentvoller, mutiger, unbestechlicher und sehr wachsamer Gebrauchshund gedacht, und diese guten Eigenschaften hat er sich auch als Familienhund bewahrt. Etwas freundlicher, umgänglicher und liebenswürdiger ist er jedoch geworden. Er bewacht und beschützt seine Familie und deren Hab und Gut nach wie vor absolut zuverlässig und verhält sich fremden Zwei- und Vierbeinern gegenüber distanziert. Kindern ist er ein guter Spielkamerad, was vielleicht daran liegt, dass er selbst erst sehr spät »erwachsen« wird.
Haltung: Wegen seiner Größe und Bewegungsfreude gehört der Hovawart aufs Land, nicht in die Stadt, obwohl er sich notfalls auch dort anpasst. Das herrliche lange Haarkleid ist relativ pflegeleicht.

Berner Sennenhund

Größenvergleich
(zum Herrchen
= ca.180 cm)

Schulterhöhe
Rüde 64–70 cm (ideal 66–68 cm), Hündin 58–66 cm (ideal 60–63 cm)

Gewicht
Um 40 kg

Fellfarbe
Tief schwarz mit braunroten und weißen Abzeichen.

Besonderheiten
Anfällig für Hüftgelenkdysplasie, Magendrehung und Übergewicht.
Geeignet für nicht ganz unerfahrene Anfänger.

Geschichte: Wie die anderen Schweizer Sennenhunde geht auch der Berner auf die Molosser der Antike zurück, die vor zwei Jahrtausenden die Viehherden der römischen Soldaten als deren lebende Verpflegung über die Alpenpässe getrieben haben. Heute ist der Berner Sennenhund der beliebteste und wohl auch schönste Vertreter seiner Rassengruppe, doch im späten 19. Jahrhundert wäre er beinahe untergegangen, nachdem er jahrhundertelang unter verschiedenen Namen (Ringgi, Blässli, Bäri oder Dürrbächler) den Bergbauern des Berner Oberlands als Wach-, Zieh- und Hütehund treue Dienste geleistet hatte. Mit überlebenden ausgewählten Exemplaren wurde die Rasse ab etwa 1890 erneuert und 1908 auf den heutigen Namen getauft.
Eigenschaften: Der Berner Sennenhund ist eine eindrucksvolle, würdevolle Hundepersönlichkeit mit einem freundlichen und liebevollen Charakter. Er ist von Natur aus wachsam, gutmütig und gelehrig und gibt, wenn wohl erzogen, einen angenehmen Gefährten für ausgedehnte Spaziergänge ab. Vom Rennen und Herumtollen hält er nicht viel. Ebenso wenig mag er große Hitze.
Haltung: Der Berner Sennenhund fügt sich in fast jede Familie ein, die jedoch möglichst auf dem Lande in einem Haus mit großem Garten wohnen sollte, damit er etwas zu bewachen und zu beschützen hat. Das prachtvolle Haarkleid braucht relativ wenig Pflege: Zweimal Bürsten pro Woche genügt.

Irish Setter

Größenvergleich
(zum Herrchen
= ca. 180 cm)

Schulterhöhe
Sie ist im Standard nicht vorgeschrieben, liegt aber im Schnitt bei 65–70 cm

Gewicht
Um 30 kg

Fellfarbe
Warm kastanienrot; kleine weiße Abzeichen erlaubt.

Besonderheiten
Anfällig für Hüftgelenkdysplasie, Epilepsie, Magendrehung und Entropium. Geeignet für nicht ganz unerfahrene Anfänger.

Geschichte: Der Irish Setter, der mit vollem Namen Irish Red Setter heißt, ist zweifellos der schönste und deshalb populärste Vertreter der Settergruppe. Wie seine Verwandten ist er von Hause aus ein passionierter Vorstehhund, der dem Wild nicht nur vorsteht, sondern auch »vorsitzt« (daher der Name Setter). Die Rasse entstand zu Beginn des 19. Jahrhunderts in Irland. Ausgangsrassen waren angeblich andere heimische Setter, aus Frankreich importierte Epagneuls (Spaniel) und der englische Pointer.
Eigenschaften: Der Irish Setter ist eine Hundeschönheit von unvergleichlicher Wohlgestalt und Eleganz, und die Schönheit wird noch unterstrichen durch das lange Seidenfell und die dunklen, »seelenvollen« Augen. In diesem dekorativen und sensiblen Vierbeiner, der auch heute noch vielfach jagdlich verwendet wird, steckt sehr viel Energie, Temperament, Ausdauer und Bewegungsdrang. Im Haus ist er zwar still, freundlich, anhänglich und fügsam, aber draußen vergisst er seine gute Erziehung, wenn seine hervorragende Spürnase Wild wittert. Dann geht der Jagdtrieb mit ihm durch.
Haltung: In einen solchen Hund verliebt man sich auf den ersten Blick, doch man sollte ihn nur anschaffen, wenn man ihm viel Platz und noch mehr Lauftraining bieten kann. Die Gehorsamserziehung ist nicht ganz einfach und die Fellpflege ziemlich aufwändig.

Saluki

Schultergröße
Rüde 58–71 cm,
Hündin etwas kleiner

Gewicht
14–25 kg

Fellfarbe
Weiß, creme, rehbraun, rotgold; ein-, zwei- oder dreifarbig.

Besonderheiten
Keine rassetypischen Krankheiten bekannt. Geeignet für sportlich aktive Fortgeschrittene.

Geschichte: Die lange Vorgeschichte der Rasse verliert sich in den weiten Steppenlandschaften Südasiens. Der Saluki ist nach der alten südarabischen Stadt Saluq benannt, doch wo er seinen wahren Ursprung hat, ist ungeklärt. Im FCI-Standard wird Iran (Persien) als Herkunftsland angegeben, und man hat ihm den Alternativnamen Persischer Windhund gegeben. Fest steht, dass solche Windhunde schon seit Jahrtausenden im gesamten Mittleren Osten für die Jagd auf Gazellen und anderes flüchtiges Wild gezüchtet werden. Um die empfindlichen Pfoten zu schonen, hat man die wertvollen Hunde früher auf dem Pferd oder Kamel zum Jagen getragen, heute fahren sie im Geländewagen zum Einsatzort.
Eigenschaften: Der sehr schlanke und rassige Saluki ist als Hetzjäger ein Langstreckenläufer par excellence, der im Westen als exklusiver Luxushund leider nur noch selten seinem Renn- und Hetztrieb frönen kann. Er lässt sich, weil er sehr sensibel und zurückhaltend ist, nur mit viel Lob und Liebe zu einem ruhigen, freundlichen Hausgenossen erziehen, doch eine gewisse Scheu und Nervosität wird er wohl nie ganz ablegen.
Haltung: Die Anschaffung eines solchen Hundes muss gründlich überlegt sein; wenn man ihm nicht viel Zeit widmen und sehr viel Bewegung – etwa neben dem Fahrrad – verschaffen kann, sollte man lieber verzichten.

Großer Schweizer Sennenhund

Größenvergleich
(zum Herrchen
= ca. 180 cm)

Schulterhöhe
Rüde 65–72 cm,
Hündin 60–68 cm

Gewicht
Um 40 kg

Fellfarbe
Schwarz mit symmetrischen weißen und rostroten Abzeichen.

Besonderheiten
Anfällig für Hüftgelenkdysplasie und Augenerkrankungen. Geeignet für Fortgeschrittene.

Geschichte: Wie seine etwas kleineren Verwandten lässt sich auch der Große Schweizer Sennenhund letztlich auf die schweren antiken Molosserdoggen zurückführen, die vor rund 2000 Jahren mit den römischen Legionen durch die Schweiz zogen. Die Rassevorfahren im engeren Sinn sind jedoch erst seit dem Mittelalter nachweisbar. Sie waren bis ins späte 19. Jahrhundert als arbeitsfreudige Zug-, Treib-, Hüte- und Wachhunde in der ganzen Schweiz verbreitet, doch dann drohte ihnen der Untergang, weil solche derben Arbeitshunde nicht mehr in die neue Zeit passten. Ihre Rettung verdanken sie engagierten schweizerischen Kynologen um Professor Albert Heim, die in diesen kurzhaarigen großen Sennenhunden eine eigenständige Rasse erkannten.
Eigenschaften: Hundefreunde merkten schon bald, dass die erneuerte Gebrauchshundrasse prächtige Familienhunde barg. Der Große Schweizer Sennenhund ist ein nahezu perfekter Hausgenosse, denn er ist nicht nur eine imposante Erscheinung, sondern auch ein ausgesprochener Menschenfreund, gutmütig, anhänglich, kinderlieb, folgsam, weder nervös noch aggressiv, außerdem robust, wetterfest und von gesunder Konstitution.
Haltung: Der Große Schweizer Sennenhund liebt das Leben in der freien Natur und wünscht sich deshalb ein Haus auf dem Land mit großem Garten, außerdem reichlich Auslauf. Sein schönes Fell braucht kaum Pflege.

Bernhardiner

Größenvergleich
(zum Herrchen
= ca. 180 cm)

Schulterhöhe
Rüde mindestens 70 cm, Hündin mindestens 65 cm

Gewicht
Bis 80 kg und mehr

Fellfarbe
Weiß und rot.

Besonderheiten
Anfällig für Hüftgelenkdysplasie, Herzschwäche, Knochen- und Bänderprobleme, Entropium, Ektropium. Geeignet für Fortgeschrittene.

Geschichte: Um keine Hunderasse ranken sich so viele Legenden wie um den Bernhardiner, der offiziell St. Bernhardshund genannt wird, und zwar nach dem Hospiz auf dem Großen St. Bernhard in den Schweizer Alpen. Dort lebten die Mönche, die nachweislich schon im 17. Jahrhundert diese Hunde gezüchtet haben, um mit deren Hilfe verirrte Reisende aufzuspüren. Dort lebte auch der berühmte »Barry«, der angeblich 40 Menschen gerettet hat – mit Sicherheit ohne das umgehängte Schnapsfässchen, das man der Rasse als kitschiges Attribut zuschreibt. Die »echten« Bernhardiner waren früher viel kleiner und leichter als heute und trugen durchweg ein stockhaariges Fell, während man heute langhaarige Tiere mit möglichst großem und massigem Gebäude bevorzugt, was der Rasse insgesamt nicht sehr gut bekommen ist.
Eigenschaften: Grundsätzlich sind Bernhardiner intelligente, freundliche, anhängliche und ausgesprochen kinderliebe Hunde, doch Ausnahmen von der Regel, die zu aggressivem Verhalten neigen, kommen leider vor. In jedem Fall braucht die Rasse eine liebevoll-konsequente Erziehung und eine feste Hand.
Haltung: Die sanften Riesen sind zwar nicht sehr bewegungsfreudig, benötigen aber trotzdem viel Platz in ländlicher Umgebung. Die unvermeidlich hohen Kosten für die Verpflegung – und für den Tierarzt! – sollte man vor der Anschaffung bedenken.

Dobermann

Größenvergleich
(zum Herrchen
= ca. 180 cm)

Schulterhöhe
Rüde 68–72 cm,
Hündin 63–68 cm

Gewicht
Rüde 40–45 kg,
Hündin 32–35 kg

Fellfarbe
Schwarz, dunkelbraun oder blau mit scharf abgesetztem rostrotem Brand.

Besonderheiten
Anfällig für Wobbler-Syndrom (Bewegungsstörung infolge Halswirbeldeformationen), schwere Herzkrankheiten und Wesensdefekte.
Geeignet nur für verantwortungsvolle Fortgeschrittene.

Geschichte: Der Dobermann hat seinen Namen von dem thüringischen Steuereintreiber, Hundefänger und Abdecker Friedrich Louis Dobermann, der aus beruflichen Gründen einen scharfen, schnellen Schutzhund brauchte, mit dem er außerdem säumige Steuerzahler gebührend beeindrucken konnte. So begann er um 1860 mit der Zucht einer neuen Rasse, die sich seither als »Gendarmenhund« und unbestechlicher Wach- und Begleithund hervorragend bewährt hat. Welche Rassen und Schläge Dobermann miteinander kreuzte, ist bis heute ein Geheimnis, doch es gilt als sicher, dass Rottweiler und so genannte »Metzgerhunde« zu den Vorfahren des Dobermanns zählen.
Eigenschaften: Der Dobermann ist ein ungewöhnlich eleganter, vornehmer und selbstbewusster Vierbeiner, dem man sofort ansieht, dass mit ihm nicht zu spaßen ist. Im Idealfall gibt er einen temperamentvollen und furchtlosen, zugleich aber freundlichen und anhänglichen Hausgenossen ab, der sich als Ein-Mann-Hund allerdings nur einer Person eng anschließt, doch die ganze Familie treu beschützt. Vorsicht: Seine angeborene Schärfe kann gelegentlich durchbrechen und verheerenden Schaden anrichten!
Haltung: Diese Rasse gehört in die feste Hand eines erfahrenen und verantwortungsvollen Kenners, der seinen Hund sehr konsequent erziehen und jederzeit unter Kontrolle halten kann. Ein Dobermann braucht viel Bewegung.

Neufundländer

Größenvergleich
(zum Herrchen
= ca. 180 cm)

Schulterhöhe
Rüde um 71 cm,
Hündin um 66 cm

Gewicht
Rüde 64–69 kg,
Hündin 50–54 kg

Fellfarbe
Schwarz, braun oder weiß mit schwarzen Abzeichen.

Besonderheiten
Anfällig für Hüftgelenkdysplasie, Netzhauterkrankungen, Entropium, Ektropium, Gebissanomalien und Herzprobleme. Geeignet für nicht ganz unerfahrene Anfänger.

Geschichte: Seinen Namen hat dieser imposante, bärenähnliche und bärenstarke Hund von der kanadischen Insel Neufundland, wo Küstenbewohner und Seeleute den Ausgangstyp der heutigen Rasse schufen, wahrscheinlich aus heimischen Indianerhunden und europäischen Hunden, die von Hochseefischern dort eingeführt wurden. Der Neufundländer war ursprünglich ein ausgesprochener Arbeitshund mit einer stark ausgeprägten Wasserpassion. Er half den Fischern beim Einholen der Netze und hatte auch die Aufgabe, abgetriebene Gegenstände oder gar ertrinkende Menschen zu bergen.
Eigenschaften: Der Arbeitshund hat sich schon längst zu einem beliebten Familienhund gewandelt, doch das Wasser liebt er nach wie vor; er besitzt schließlich nicht umsonst kleine Schwimmhäute und ein öliges, wasserabstoßendes Fell. Dass er kein Gewässer, ob Teich oder Ozean, auslassen kann, ist wohl die einzige Schwäche dieser Rasse, die sich an Gutmütigkeit von kaum einer anderen übertreffen lässt. Neufundländer sind zuverlässig, mutig ohne Aggressivität, leicht erziehbar, wachsam, ruhig und sehr kinderlieb.
Haltung: Selbst ein Anfänger kommt mit diesem sanften Riesen zurecht, der allerdings viel Platz und reichlich Auslauf sowie dringend irgendein Gewässer braucht. Die benötigten Futtermengen dürfen ebenso wenig unterschätzt werden wie der Fellpflegeaufwand.

Afghanischer Windhund

Größenvergleich
(zum Herrchen = ca. 180 cm)

Schulterhöhe
Rüde 68–74 cm, Hündin 63–69 cm

Gewicht
Bis ca. 30 kg

Fellfarbe
Sämtliche Farben sind zugelassen.

Besonderheiten
Etwas anfällig für Hüftgelenkdysplasie und Grauen Star. Geeignet für sportlich aktive Fortgeschrittene.

Geschichte: Der Afghane gehört zu den ältesten Hundestämmen, die der Mensch erzüchtet und nach und nach zu modernen Rassen umgeformt hat. In seiner afghanischen Heimat wurde er schon vor Jahrtausenden zur Jagd, aber auch als Wach- und Hütehund verwendet. Auf seine Ausfuhr stand die Todesstrafe, doch um 1890 gelang es einem britischen Offizier, die ersten Exemplare nach Europa zu bringen. In Deutschland wurde er erst in den 1930er-Jahren bekannt.

Eigenschaften: Dieser Spross aus uraltem Hundeadel ist vom perfekten Hetzjäger zu einem überaus eleganten, dekorativen Begleithund geworden, der sich jedoch noch viel von seiner ursprünglichen Würde und Unabhängigkeit bewahrt hat. Er hält selbst seiner Menschenfamilie gegenüber eine gewisse Distanz, die zuweilen fast blasiert wirkt.

Haltung: Der Afghane ist kein Hund für jedermann, sondern für Kenner, die seine Eigenart respektieren und ihm sehr viel Auslauf bieten können, denn sein Bewegungsdrang ist kaum zu bremsen. Leider kann man ihn nur ausnahmsweise unangeleint ausführen, weil schon ein kleiner Anlass seinen Renn- und Hetztrieb auslösen würde. Er liebt es, neben dem Fahrrad her zu laufen oder auf der Rennbahn eine Geschwindigkeit von 60 km/h zu entwickeln. Sein langes, dichtes Seidenhaar muss regelmäßig gebürstet werden.

Kuvasz

Größenvergleich
(zum Herrchen = ca. 180 cm)

Schulterhöhe
Rüde 71–75 cm, Hündin 66–70 cm

Gewicht
Rüde 40–52 kg, Hündin 30–42 kg

Fellfarbe
Weiß; elfenbeinfarben erlaubt.

Besonderheiten
Anfällig für Hüftgelenkdysplasie. Geeignet für Fortgeschrittene.

Geschichte: Der Kuvasz kam, einer glaubwürdigen Theorie zufolge, im 11. Jahrhundert mit dem nomadischen Türkvolk der Kumanen oder Komanen nach Ungarn. An seine Herkunft erinnert sein seit dem 17. Jahrhundert belegter Name, der vom türkischen Begriff für einen bewaffneten Beschützer abgeleitet sein soll. In Ungarn blieben die stattlichen weißen Hunde die zuverlässigen Gehilfen der Hirten. Sie schützten das Vieh vor zwei- und vierbeinigen Räubern, wurden aber auch von Aristokraten für die Jagd verwendet.
Eigenschaften: Der Kuvasz ist ohne Zweifel der attraktivste und beliebteste ungarische Hirtenhund, obwohl er ein nicht ganz einfacher Hausgenosse ist. Seiner Familie ist der »weiße Riese« zwar treu ergeben, und er beschützt sie bedingungslos, aber seine Vergangenheit als mutiger, unabhängiger Schutz- und Hirtenhund hängt ihm bis heute nach. Fremden Menschen und Tieren gegenüber verhält er sich misstrauisch und abweisend, und wenn er nicht fest unter Kontrolle gehalten wird, kann seine latente Aggressivität durchbrechen, was bei seiner Kraft und Wendigkeit böse Folgen haben könnte.
Haltung: Ein Kuvasz ist kein Jedermannshund. Er fühlt sich nur auf dem Lande wohl und braucht einen hundeerfahrenen durchsetzungsfähigen Herrn, der seinen Vierbeiner sehr konsequent zum absoluten Gehorsam erzieht. Das Fell haart reichlich, ist aber ansonsten relativ pflegeleicht.

Greyhound

Größenvergleich
(zum Herrchen
= ca. 180 cm)

Schulterhöhe
Rüde 71–76 cm,
Hündin 68–71 cm

Gewicht
Etwa 25–30 kg

Fellfarbe
Alle Farben mit oder ohne weiße Abzeichen erlaubt.

Besonderheiten
Keine rassetypischen Krankheiten bekannt. Geeignet für sportlich aktive Fortgeschrittene.

Geschichte: Große, schlanke Windhunde vom Greyhoundtyp gab es bereits im alten Ägypten, wie Reliefs aus fast 5000 Jahre alten Gräbern bezeugen. Doch die Entwicklung des Typs bis zur modernen Rasse ist reichlich verworren und undurchsichtig. Unmittelbare Vorfahren scheinen keltische Windhunde zu sein, die im 4. vorchristlichen Jahrhundert nach Großbritannien gelangten, das heute als Ursprungsland der Rasse angegeben wird. Anfangs wurde der Greyhound, dessen Name gewöhnlich als »grauer Hund« verstanden wird, aber möglicherweise vom altsächsischen »grei« (schön) abzuleiten ist, für die Hasenjagd gezüchtet, doch schon im 16. Jahrhundert demonstrierte er seine Sprinterqualitäten auf den neu eingeführten Rennbahnen, wo er ein Tempo bis 70 km/h vorlegen kann.
Eigenschaften: Als eleganter Familienhund mit einem sanften, ruhigen und zurückhaltenden Naturell erfreut sich der Greyhound großer Beliebtheit, vor allem bei sportlich veranlagten Hundefreunden, die den starken Bewegungsdrang ihres Vierbeiners zu schätzen wissen und ihm vielleicht sogar die Möglichkeit bieten, seine Lauffreude auf einem Hunderennplatz abzureagieren.
Haltung: Greyhounds sind angenehme, saubere und recht anspruchslose Hausgenossen, allerdings für das Stadtleben völlig ungeeignet. Sie brauchen sehr viel Auslauf, wobei man sie leider meist an der Leine führen muss.

Deerhound

Schulterhöhe
Rüde mindestens 76 cm, Hündin mindestens 71 cm

Gewicht
Ideal beim Rüden 45,5 kg, bei der Hündin 36,5 kg

Fellfarbe
Dunkel blaugrau, dunkel- oder hellgrau, gestromt bis rotbraun, rotsandfarben oder hirschrot.

Besonderheiten
Etwas anfällig für Magendrehung und Bänderverletzungen. Geeignet für Fortgeschrittene.

Geschichte: Im Namen Deerhound (»Hirschhund«) steckt die ursprüngliche Funktion dieser uralten Rasse: Schottische Edelleute verwendeten sie schon im Mittelalter für die Hirschhatz in den Wäldern des Hochlands. Der Deerhound ist ein typischer Windhund, also ein schnittiger, schneller Hund, der weniger mit der Nase als mit den Augen jagt. Seit der Einführung der modernen Jagdfeuerwaffen hat die exklusive Rasse ihre eigentliche Aufgabe verloren, und so wäre sie im 19. Jahrhundert fast untergegangen. Zum Glück wurde sie durch engagierte Hundefreunde vor dem Aussterben bewahrt.
Eigenschaften: Der kraftvolle, rauhaarige Deerhound ist ein sanfter Riese, der in seiner heutigen »modernisierten« Version kaum noch ahnen lässt, dass er es einst im dichtesten Wald mit Hirschen, Wölfen und anderem Großwild aufnahm. Aber selbstbewusst, würdevoll, freundlich zu Kindern und zurückhaltend gegenüber Fremden ist er geblieben. Wenn man ihn nicht richtig unter Kontrolle hat, kann sein Jagdtrieb schon einmal mit ihm durchgehen.
Haltung: Ein Deerhound braucht Platz, um sich richtig entfalten zu können. Dank seiner Gutwilligkeit und Anpassungsfähigkeit kann man ihn unter Umständen auch in der Stadt halten, doch das Landleben bekommt ihm weitaus besser. Als Windhund braucht er natürlich sehr viel Auslauf, am besten hinter dem Fahrrad oder Reitpferd.

Komondor

Größenvergleich
(zum Herrchen
= ca. 180 cm)

Schulterhöhe
Rüde 65–80 cm,
Hündin 55–70 cm

Gewicht
Rüde 60–60 kg,
Hündin 40–50 kg

Fellfarbe
Weiß.

Besonderheiten
Anfällig für Hüftgelenkdysplasie, Magendrehung und Ekzeme.
Geeignet für Fortgeschrittene.

Geschichte: Der Komondor gehört zur Gruppe der ungarischen Hirtenhunde, obwohl er eigentlich aus Asien stammt und erst im 9. Jahrhundert mit dem Steppenvolk der Magyaren nach Ungarn kam, wo er seither die großen Viehherden zusammenhält und früher auch furchtlos gegen Wölfe verteidigte. Sein Name wird 1544 erstmals erwähnt, und er war schon damals berühmt für seinen Mut, seine Wachsamkeit und seinen Beschützerinstinkt. Ihre heutige Form erhielt die Rasse im frühen 20. Jahrhundert.
Eigenschaften: Das auffälligste Merkmal der Rasse ist das lange und dichte zottige Haarkleid, bei dem man manchmal nicht weiß, wo vorn und hinten ist. Es schützte den Steppenhund vor allen Unbilden des Wetters und vor Wolfszähnen, ist aber heute als Schmutzfänger weniger geschätzt. Dennoch: der Komondor ist ein sympathischer, anhänglicher, ausgeglichener und wachsamer Familienhund, der sich allerdings eine gewisse Unabhängigkeit und Aggressivität bewahrt hat. Er liebt das Leben im Freien, muss jedoch stets unter Kontrolle gehalten werden.
Haltung: Die Rasse eignet sich nur für etwas fortgeschrittene Hundekenner, die auf dem Land wohnen und ihrem vierbeinigen Gefährten sehr viel Zeit widmen können. Das Zottelfell muss regelmäßig gesäubert und gebürstet werden, damit es nicht zu unansehnlichen Platten verfilzt.

Pyrenäenberghund

Schulterhöhe
Rüde 70–80 cm,
Hündin 65–72 cm

Gewicht
Rüde um 60 kg,
Hündin um 45 kg

Fellfarbe
Weiß oder weiß mit grauen, loh- oder dachsfarbenen Abzeichen.

Besonderheiten
Anfällig für Hüftgelenkdysplasie, Hauterkrankungen und Epilepsie. Geeignet für Fortgeschrittene.

Geschichte: Der häufig für diese Rasse verwendete Name Pyrenäenhund sollte wegen Verwechslungsgefahr gemieden werden, wie es auch die offizielle französische Bezeichnung Chien de Montagne des Pyrénées gebietet. Wir haben es hier mit einer der mächtigen weißen Hirtenhundrassen zu tun, die sich in verschiedenen europäischen Regionen parallel und fast auf natürliche Weise aus doggenartigen Hunden des Altertums entwickelt haben. Der imposante Pyrenäenberghund ist von Haus aus kein Hütehund, sondern ein Herdenschutzhund, der schon vor Jahrhunderten das Vieh in den Bergen gegen Wölfe, Bären und Räuber zu verteidigen hatte. Um 1700 erkannte Ludwig XIV. die ungewöhnliche Schönheit der Rasse und holte sich einige Exemplare als »Hofhunde« nach Versailles, die damit die Familienhundkarriere des Pyrenäenberghunds begründeten.

Eigenschaften: Der gewichtige Hunderiese ruht in sich selbst und gibt sich dank seiner majestätischen Erscheinung stets selbstsicher und freundlich-gelassen. Er ist seiner Familie loyal ergeben und beschützt sie bedingungslos. Kinder mag er gern, doch bei Fremden hält er auf Distanz.

Haltung: Dies ist eine anspruchsvolle Rasse, die ein großes Grundstück verlangt, weil sie das Leben im Freien liebt, und gründlich erzogen und sozialisiert werden muss. Die Fellpflege ist sehr aufwändig.

Landseer

Größenvergleich
(zum Herrchen
= ca. 180 cm)

Schulterhöhe
Rüde 72–80 cm,
Hündin 67–72 cm

Gewicht
60–70 kg

Fellfarbe
Weiß mit schwarzen Platten; Kopf immer schwarz.

Besonderheiten
Anfällig für Hüftgelenkdysplasie, Ektropium und Entropium. Geeignet für nicht ganz unerfahrene Anfänger.

Geschichte: Der Landseer ist benannt nach dem englischen Maler Sir Edwin Henry Landseer (1802–73), der ihn mehrfach in Gemälden verewigt hat. Früher galt er als ein Farbschlag des Neufundländers, der sowohl einfarbig als auch zweifarbig gezüchtet wurde. Dann wollte man nur noch einfarbig schwarze oder braune Tiere haben, und der weiß-schwarze Landseer wäre beinahe in der Versenkung verschwunden, bis ihn deutsche Kynologen um 1930 durch Einkreuzung von Pyrenäenberghunden neu erzüchteten. Dieser moderne Landseer, der sich in Größe, Gewicht, Fellstruktur usw. deutlich vom Neufundländer unterscheidet, ist seit 1959 als eigene Rasse anerkannt. (Kurioserweise lässt neuerdings auch der Neufundländer-Standard wieder weiß-schwarze Hunde zu!)
Eigenschaften: Der Landseer ist ein gutmütiger, intelligenter Riese, der einen möglichst engen Familienanschluss sucht und sich mit Kindern sehr gut versteht. Trotz seiner würdevollen, majestätischen Erscheinung ist er ein recht temperamentvoller Hausgenosse, der weite Spaziergänge liebt und sich jederzeit liebend gern in Gewässern aller Art tummelt.
Haltung: Jeder Hundefreund kommt mit dieser freundlichen und leicht erziehbaren Rasse zurecht, sofern er ihr ein größeres Grundstück oder viel Auslauf sowie eine regelmäßige Schwimmgelegenheit bieten kann.

Leonberger

Schulterhöhe
Rüde 72–80 cm,
Hündin 65–75 cm

Gewicht
Etwa 40–50 kg

Fellfarbe
»Löwenfarben«, also rötlich von goldgelb bis rotbraun, möglichst mit schwarzer oder dunkler Maske; vereinzelt auch sandfarben (blassgelb).

Besonderheiten
Anfällig für Hüftgelenkdysplasie und Knochenprobleme. Geeignet für nicht ganz unerfahrene Anfänger.

Geschichte: Um die Mitte des 19. Jahrhunderts setzte sich ein gewisser Heinrich Essig, Stadtrat und großer Tierfreund in Leonberg bei Stuttgart, zum Ziel, eine Hunderasse zu züchten, die dem Wappentier seiner Heimatstadt, einem Löwen, möglichst ähnlich sehen sollte. So entstand der mächtige Leonberger, als dessen wichtigste Ausgangsrassen der Bernhardiner und der Neufundländer angenommen werden. Essig war ein tüchtiger Geschäftsmann, der jährlich an die 300 selbst gezüchtete Hunde verkauft haben soll. Die neue Rasse galt als sehr repräsentativ und fand prominente Liebhaber wie Kaiserin Sissi, Napoleon III., Richard Wagner und Bismarck.
Eigenschaften: Der imposante, gutmütige, anhängliche und kinderliebe Leonberger erfreut sich, nachdem er nach 1945 fast verschwunden wäre, neuerdings wieder großer Beliebtheit. Er ist ein ausgezeichneter Schutzhund, der seine Familie furchtlos verteidigt, ohne von sich aus aggressiv zu werden. Der menschenfreundliche Hunderiese zeichnet sich aus durch ein wohl proportioniertes Gebäude und eine selbstbewusste Gelassenheit.
Haltung: Selbst ein Anfänger kann es mit diesem zuverlässigen, leicht erziehbaren und wesensfesten Vierbeiner versuchen, doch er sollte tunlichst auf dem Lande wohnen, am besten in Wassernähe, weil ein Leonberger gern schwimmt. Das wetterfeste Fell ist pflegeleicht.

Barsoi

Größenvergleich
(zum Herrchen
= ca. 180 cm)

Schulterhöhe
Rüde 70–82 cm oder mehr, Hündin ca. 5 cm kleiner

Gewicht
35–48 kg

Fellfarbe
Weiß, gold, rot-schwarz oder grau, gestromt und alle Abstufungen dieser Farben.

Besonderheiten
Etwas anfällig für Magendrehung und Netzhautatrophie. Geeignet für sportlich aktive Fortgeschrittene.

Geschichte: Dieser größte und kräftigste Windhund der Welt stammt aus dem alten Russland, wo er seit mehreren Jahrhunderten für die Jagd auf Hasen, Füchse und Wölfe verwendet wurde und zum Hundefavoriten des Adels aufstieg. Das wäre ihm beinahe zum Verhängnis geworden, denn mit der Oktoberrevolution 1917 wurde nicht nur die Aristokratie abgeschafft, sondern auch diese aristokratische Hunderasse. Zum Glück war sie jedoch international bereits so etabliert, dass sie überlebte.
Eigenschaften: Seine Exklusivität hat sich der Barsoi bis heute bewahrt. Er wirkt oft abweisend und etwas hochnäsig, kann aber ein recht sanfter, liebenswürdiger und anhänglicher Begleithund werden, der ruhige Gelassenheit und eine respekteischende Würde ausstrahlt. Fremden Menschen und Hunden begegnet er in der Regel mit vornehmen Misstrauen, doch ausnahmsweise kann er auch einmal aus der Rolle fallen und eine – nicht ungefährliche – Rauferei anzetteln.
Haltung: Der Barsoi braucht wegen seiner Größe, seiner Hetzleidenschaft und latenten Aggressivität eine feste Hand und eine konsequente Erziehung, außerdem natürlich sehr viel Auslauf, am besten auf einem Hunderennplatz. Dass das gewellte oder gelockte lange Haar täglich mit Kamm und Bürste gepflegt werden muss, versteht sich bei diesem Luxushund von selbst.

Irish Wolfhound

Größenvergleich
(zum Herrchen
= ca. 180 cm)

Schulterhöhe
Rüde mindestens 79 cm (bis 90 cm), Hündin mindestens 71 cm

Gewicht
40,5–54 kg

Fellfarbe
Grau, gestromt, rot, schwarz, weiß, rehfarben und jede andere Farbe, die beim Deerhound zugelassen ist.

Besonderheiten
Anfällig für Herzkrankheiten und frühe Alterung. Geeignet für Fortgeschrittene.

Geschichte: Irish Wolfhound oder Irischer Wolfshund – beide Namen klingen furchterregend, doch dahinter verbirgt sich »nur« ein – allerdings riesiger – Windhund, der tatsächlich einstmals für die Jagd auf Wölfe und andere große Tiere eingesetzt wurde, und zwar angeblich schon vor rund 2000 Jahren von der keltischen Urbevölkerung der Insel Irland. Die imposanten Hunde wurden verehrt und in Heldensagen gefeiert und stiegen schließlich zu exklusiven Jagdgefährten der irischen Provinzkönige auf. Dennoch sind diese wilden alten Wolfshunde im 18. Jahrhundert praktisch ausgestorben. Die heutige Rasse wurde von G.A. Graham um 1850 aus Wolfhound-Restbeständen und verwandten Rassen neu erzüchtet.
Eigenschaften: Der heutige Wolfhound ist kein wüster Wolfshetzer mehr, sondern ein sanfter, sensibler und leider etwas anfälliger Riese, der selten ein normales Hundealter erreicht. Er ist zwar nach wie vor mutig und als Windhund sehr bewegungsfreudig, taugt aber nicht für die Rennbahn. Im Haus erweist er sich als ruhig, geduldig, zuverlässig und sehr anhänglich.
Haltung: Der Irish Wolfhound stellt hohe Ansprüche an seinen Halter, der unbedingt einige Erfahrung im Umgang mit Hunden haben muss. Er verlangt sehr viel Auslauf, eine sorgfältige und reichhaltige Ernährung und ein wegen seiner Größe und Kraft sehr konsequente, einfühlsame Erziehung.

Deutsche Dogge

Größenvergleich
(zum Herrchen
= ca.180 cm)

Schulterhöhe
Rüde mindestens 80 cm, Hündin mindestens 72 cm

Gewicht
45–60 kg

Fellfarbe
5 Farbschläge: gestromt, gelb, blau, schwarz, schwarzweiß gefleckt (Harlekin oder Tigerdogge).

Besonderheiten
Anfällig für Knochenprobleme, Herzerkrankungen und frühe Alterung.
Geeignet für Fortgeschrittene.

Geschichte: Dieser kraftvolle, aber schlanke und elegante Hunderiese wurde 1881 offiziell auf den Namen Deutsche Dogge getauft, doch im Ausland heißt er meist noch immer Dänische Dogge; die Angelsachsen nennen ihn Great Dane (Großer Däne). Er ist jedenfalls ein in aller Welt begehrtes Qualitätserzeugnis deutscher Züchter. Die Ursprünge der Rasse liegen im Dunkel einer grauen Vorzeit, in der bereits große doggenartige Hunde für die Jagd auf Bären, Wildschweine und anderes Großwild verwendet wurden. Seit dem Mittelalter waren sie beim Adel beliebt, später dann auch beim wohlhabenden Bürgertum. Bei Bismarck avancierten sie gar zu »Reichshunden«.
Eigenschaften: Bessere Beschützer von Haus und Familie kann man sich kaum vorstellen, und es ist niemandem zu empfehlen, sich mit einer Dogge anzulegen, so gutmütig, freundlich, sensibel und zurückhaltend sie von Natur aus auch ist. Sie gilt sogar als ausgesprochen kinderlieb, doch weder Kindern noch alten Leuten sollte man ihre Betreuung überlassen. Leider sind nicht wenige Tiere mit erblichen Defekten behaftet; sie zeigen sich ängstlich oder aggressiv und haben eine Lebenserwartung von allenfalls zehn Jahren.
Haltung: Die Deutsche Dogge braucht eine starke Hand und vom Welpenalter an eine sehr konsequente Gehorsamserziehung. Als Etagenhund ist sie völlig ungeeignet, vielmehr verlangt sie ein Haus mit großem Grundstück.

Begriffserläuterungen

Abzeichen: Regelmäßige oder unregelmäßige Flecken im Fell.
Behang: Hängeohren.
Brand: Hellere Abzeichen an bestimmten Körperteilen bei dunkel gefärbten Hunden.
Domestikation: Haustierwerdung.
Ektropium: Auswärtsdrehung oder Ausstülpung der (unteren) Lidränder.
Entropium: Einwärtsdrehung der (unteren) Lidränder.
FCI: Abkürzung von Fédération Cynologique Internationale (internationaler Dachverband für das Hundewesen).
Gebäude: Körperbau.
Gebrauchshund: Bezeichnung für einen Hund, der eine (für den Menschen) nützliche Arbeit leistet, z. B. als Jagd-, Hüte- oder Blindenhund. Synonym: Arbeitshund.
Gestromt: Dunkle, meist schwarze Querstreifen auf hellerem Fell.
Hound: Englischer Sammelbegriff für Jagdhunde.
Hüftgelenk(s)dysplasie: Genetisch bedingte Verformung des Hüftgelenks, bei der die Gelenkpfanne des Beckens und der Oberschenkelkopf stark abgeflacht sind. Betroffen sind vor allem große Rassen. Abkürzung: HD.
Kreuzung: Paarung von zwei Tieren mit unterschiedlichen Erbanlagen.
Kynologie: Wissenschaftliche Hundekunde (von griech. »kynos« = Hund und »logos« = Lehre).
Läufe: Beine, Gliedmaßen.
Löwenkiefer: Entkalkte, »gummiartige« Kieferknochen.
Magendrehung: Plötzliche, oft lebensgefährliche Drehung des Magens um seine Längsachse bei einer ungestümen Bewegung des Hundes nach der Nahrungsaufnahme. Betroffen sind vor allem größere Rassen.
Mantel: Die betonte Färbung des Rumpffells bei zwei- oder mehrfarbigen Hunden.
Maske: Auffällige, meist dunkle Färbung des Hundegesichts.
Molosser: Große, doggenartige Haushunde der Antike.
Netzhautatrophie: Fortschreitende Sehschwäche durch Netzhautschwund.
Patellaluxation: Krankhafte Verschiebung der Kniescheibe (Patella) infolge gerissener oder geschwächter Haltebänder.
Perthes-Krankheit: Degeneration des Hüftgelenks, bei der zuerst der Gelenkkopf erfasst wird.
Platten: Größere Farbflecken im Fell.
Rasse: Eine durch menschliche Eingriffe (künstliche Zuchtwahl) entstandene einheitliche Gruppe innerhalb einer Art.
Rute: Schwanz
Sattel: Kleinere, auf den Mittelrumpf beschränkte Form des Mantels.
Schlag: Gruppe von Tieren innerhalb einer Rasse mit gemeinsamen Merkmalen (Größe, Färbung, Haartyp usw.).

Begriffserläuterungen

Standard: Rassestandard; vom zuständigen Zuchtverein formulierte Beschreibung der typischen (idealen) Merkmale und Eigenschaften einer bestimmten Rasse.

Trimmen: Aus dem Englischen stammende Bezeichnung für das Auszupfen toter oder bestimmter gesunder Haare aus dem Fell mit den Fingern oder mit dem Trimmmesser; das Wort wird auch allgemein für das Scheren oder Schneiden verwendet.

VDH: Abkürzung von Verband für das Deutsche Hundewesen.

Welpe: Junger Hund bis zum Alter von etwa zwei Monaten.

Widerrist: Der nach hinten abfallende vorderste Teil des Rückens. Die Widerrist- oder Schulterhöhe ist der Abstand zwischen Boden und höchstem Punkt des Widerrists.

Wichtige Adressen

Internationaler Dachverband

Fédération Cynologique Internationale (FCI)
Place Albert 1er, 13, B-6530 Thuin/Belgien
E-Mail: info@fci.be
www.fci.be

Nationale Dachverbände

Deutschland: Verband für das Deutsche Hundewesen (VDH) e.V.
Westfalendamm 174, D-44141 Dortmund
E-Mail: info@vdh.de
www.vdh.de

Österreich: Österreichischer Kynologenverband (ÖKV)
Siegfried-Marcus-Str. 7, A-2362 Biedermannsdorf
E-Mail: office@oekv.at
www.oekv.at

Schweiz: Schweizerische Kynologische Gesellschaft (SKG)
Länggassstr. 8, CH-3012 Bern
E-Mail: skg@hundeweb.org
www.hundeweb.org

Wer einen Rassehund aus einer zuverlässigen Zucht sucht, wende sich zunächst an den zuständigen nationalen Dachverband. Dort erhält er Auskunft über die entsprechenden Zuchtvereine und Klubs, von denen man dann die Anschriften von Züchtern erfährt.

Register

Register

Bildnachweis

AP/Thompson: S. 14, 19, 20, 21, 24, 27, 30l, 31, 32, 33, 37, 39, 40, 41r, 46, 50, 55, 60, 68, 70l, 75, 80, 85, 89u, 99, 100, 101, 103, 105, 107, 110, 113, 116, 119, 120, 122
AP/Willbie: S. 23, 25, 26, 64, 58, 63, 89o
Bender: S. 49, 83, 87, 94, 95
Cramm: S. 35
Ipo: S. 17, 22, 47r, 48, 54r, 59, 71l, 74, 96
Juniors/B. Brinkmann: S. 28, 41l, 51, 97, 102, 112r, 104
Juniors/Chr. Hütter: S. 67l
Juniors/E. Krämer: S. 43, 72, 98
Juniors/H. Botzenhardt: S. 15, 16, 44
Juniors/H. Farkaschovsky: S. 82, 121
Juniors/H. Kehrer: S. 34
Juniors/J.u.P. Wegner: S. 12, 66, 77, 88r
Juniors/M. Wegler: S. 18, 30r, 69, 71r, 76, 79, 90, 92, 106, 111, 114
Juniors/S. Freiburg: S. 62
Juniors/T. Prawitz: S. 54l, 88l
Juniors/U. Schanz: S. 4, 52, 56, 70r
Manuel H.: S. 29
Reinhard: S. 6, 7, 10, 11, 65, 73, 91, 115
Sorrel: S. 13, 38, 84, 86
Steimer: S. 36, 42, 45, 47l, 53, 57, 61, 67r, 78, 81, 93, 108, 112l, 117
Stuewer: S. 1, 2/3, 8, 9, 109, 118

Foto S. 1: Jack Russell Terrier, Welpen
Foto S. 2/3: Berner Sennenhund mit Welpen
Foto S. 4: West Highland White Terrier
Fotos Umschlag:
Vorderseite oben: Golden Retriever
Vorderseite Mitte v.l.n.r.: Deutscher Schäferhund, Bearded Collie, Jack Russel Terrier, Cocker Spaniel
Rückseite v.l.n.r.: Parson Russel Terrier, Collie, Rauhaardackel, Berner Sennenhund

Umschlaggestaltung: Anja Masuch, Puchheim b. München
Umschlagfotos: Juniors

Lektorat: Dr. Friedrich Kögel

Herstellung und Satz: Angelika Tröger

Layoutkonzept Innenteil: Parzhuber & Partner, München

Bibliografische Information Der Deutschen Bibliothek
Die Deutsche Bibliothek verzeichnet diese Publikation in der Deutschen Nationalbibliografie; detaillierte bibliografische Daten sind im Internet über http://dnb.ddb.de abrufbar.

3., durchgesehene Auflage, NEUAUSGABE

BLV Buchverlag GmbH & Co. KG
80797 München

Gedruckt auf chlorfrei gebleichtem Papier

Printed in Germany
ISBN 978-3-8354-0143-3

Eine kleine Auswahl aus unserem Programm

Siegfried Schmitz
Hunde – die populärsten Rassen
Den richtigen Hund finden – die beliebtesten Hunderassen im Porträt: Geschichte, Charakter, Haltung, Pflege; auf einen Blick: Aussehen, Eignung als Familienhund sowie zur Stadthaltung, Krankheitsanfälligkeit.
ISBN 978-3-8354-0143-3

Siegfried Schmitz/
Angela Wegmann
Der BLV Hunderassen-Führer
Entscheidungshilfe für Hundefans: über 230 beliebte, aber auch ausgefallene Rassen im Porträt mit Kompakt-Infos zu Pflegeaufwand, Krankheitsanfälligkeit, Eignung als Familien- oder Stadthund usw.
ISBN 978-3-8354-0049-5

Katharina von der Leyen
Das Welpenbuch
Das umfassende Praxisbuch – Lesevergnügen pur: den richtigen Welpen finden, Rassen, Züchter, Auswahlkriterien; Entwicklung des Welpen, Grunderziehung, Fütterung und Pflege; Welpen und Kinder, Spiele, Gesundheitsvorsorge, Impfungen.
ISBN 978-3-8354-0237-9

Katharina von der Leyen
Braver Hund!
Viel Spaß beim Lesen und Üben: Hunde spielend leicht erziehen mit täglichen 10-minütigen Kurzlektionen; das Basiswissen zur Hundeerziehung mit Illustrationen, die humorvoll die beschriebenen Situationen visualisieren.
ISBN 978-3-8354-0156-3

Angela Wegmann
Hunde richtig halten
Für ein gesundes, fröhliches Hundeleben:Entscheidungshilfen für den Kauf eines Hundes, Basiswissen über den artgerechten Umgang, die beste Pflege und die richtige Erziehung .
ISBN 978-3-8354-0058-0

Die zuverlässigen Berater

BLV Bücher bieten mehr:

- mehr Wissen
- mehr Erfahrung
- mehr Innovation
- mehr Praxisnutzen
- mehr Qualität

Denn 60 Jahre Ratgeberkompetenz sind nicht zu schlagen!

Unser Buchprogramm umfasst rund 800 Titel zu den Themen **Garten · Natur · Heimtiere · Jagd · Angeln · Sport · Golf · Reiten · Alpinismus · Fitness · Gesundheit · Kochen.** Ausführliche Informationen erhalten Sie unter **www.blv.de**

BLV Buchverlag GmbH & Co. KG
Lothstraße 19 · 80797 München
Postfach 40 02 20 · 80702 München
Telefon 089/12 02 12-0 · Fax -121
E-mail: blv.verlag@blv.de

blv

Mehr Erlesen!